NLP

-

Weil Mittelmaß keine Option ist

Eine unfehlbare Anleitung,
wie du dein Unterbewusstsein auf Erfolg programmierst und mit den besten Erfolgsstrategien deine Ziele erreichst

Florian Thiem

Bibliografische Information der Deutschen Nationalbibliothek
Die Deutsche Nationalbibliothek verzeichnet diese Publikation in der Deutschen Nationalbibliografie; detaillierte Daten sind im Internet abrufbar unter: https://portal.dnb.de

Für Fragen und Anregungen:
info@justsmartproducts.de

NLP - Weil Mittelmaß keine Option ist
1.Auflage / 2019

Endenicher Str. 302, 53121 Bonn

Ein Imprint der
JSP
GbR - Julian Möller & Fabian Möller
Endenicher Str. 302, 53121 Bonn
Verantwortlich für gewerbliche Dienste.

ISBN: 9781796956825

Inhaltsverzeichnis

1 Was ist Erfolg?

Lieber Leser, liebe Leserin. Danke das du dich für mein Buch entschieden hast. Mein Name ist Florian Thiem, und ich beschäftige mich seit Jahren täglich mit den Themen der Persönlichkeitsentwicklung. Seit ich in meiner Jugend über ein Buch von den Gründern des NLP gestoßen bin (Reframing: Neuro-Linguistic Programming and the Transformation of Meaning, von Richard Bandler und John Grindler), hat mich das NLP nicht mehr losgelassen. Nach meinem Studium habe ich meine NLP-Ausbildung in Berlin begonnen, und dort meinen Master gemacht. Ich bin äußerst dankbar für die Tatsache, dass das NLP mit seinen Denkweisen, seiner Haltung und seinen überaus wirksamen und weitreichenden Techniken schon in so jungen Jahren in mein Leben gekommen ist. Mein Leben wäre ohne NLP ganz anders verlaufen, da bin ich mir sicher.

Ich möchte dir mit diesem Buch einen gelungenen Einstieg in das NLP ebnen und dir gleichzeitig die Möglichkeiten und Techniken aufzeigen, die ich als äußerst effektiv und effizient erachte, damit du deine dir selbst gesteckten Ziele bestmöglich erreichen wirst.

Ich wünsche dir ganz viel Spaß, intensive Erkenntnisse und erfolgreiche Veränderungsprozesse, sodass du dir letztlich den Erfolg in dein Leben holst, den du dir auch wirklich verdienst!

Wenn du Millionär bist, dann bist du erfolgreich. Der Sieg bei einem großen Sportevent ist ein Erfolg. Die ersten Schritte eines Kindes feiern die meisten Eltern nicht ohne Grund als Erfolg. Erfolg kann demnach viele Formen annehmen. Denn was für dich Erfolg bedeutet, definierst allein du. Schließlich ist mit diesem Begriff das Erreichen der Ziele, die du dir zuvor gesteckt hast, gemeint. Diese Erfolgs-Definition greift für Einzelpersonen und Unternehmen gleichermaßen.

Kurz gesagt: Wenn du dir etwas vorgenommen hast und dies auch erreichst, bist du erfolgreich. Ob diese Ziele nun materieller, finanzieller oder emotionaler und immaterieller Natur sind, Erfolg setzt voraus, dass du nicht nur dein Ziel klar definierst und es in den entscheidenden Momenten vor Augen hast. Vielmehr brauchst du auch die nötige Umsetzungskompetenz, um erfolgreich sein. Du musst dazu in der Lage sein, das zu tun, was erforderlich ist, um deine Ziele zu realisieren.

In Anlehnung an diese Definition ist dann von einem Teilerfolg die Rede, wenn du einen Etappensieg errungen hast, dein Ziel jedoch nicht komplett erreichen konntest. Ein Achtungserfolg mag in den Augen vieler Menschen gar kein Erfolg sein. Nehmen wir beispielsweise an, du belegst bei einem Marathon oder Radrennen „nur“ den zweiten Platz. Wenn du dennoch eine überdurchschnittliche und daher außerordentlich achtenswerte Leistung erbracht hast, wird man dir einen Achtungserfolg zusprechen.

Sofern du erfolgreich warst, weil du selbst aktiv auf dein Ziel hingearbeitet hast, kannst du einen persönlichen Erfolg verbuchen. Eine Führungskraft darf sich mit einem Führungserfolg schmücken, wenn sie ihre Mitarbeiter erfolgreich dazu bewegt hat, ihr zu folgen. Betriebswirtschaftlicher Erfolg definiert sich hingegen über genau messbare Kennzahlen, wie zum Beispiel den Jahresgewinn.

Was bedeutet Erfolg für dich? Welche Ziele möchtest du erreichen, damit du dir angesichts deiner Leistung am Ende stolz auf die Schulter klopfen kannst? Wie kannst du sogar noch größer träumen als deine bisher kühnsten Träume? Egal welche Altlasten du aus der Vergangenheit mitbringen magst, sie müssen kein Grund sein, dass du deinen persönlichen Erfolg nicht erreichen kannst. Tu dir selbst den Gefallen und schließe kurz deine Augen: Stell dir nun vor, du bist nicht nur bei deinem Ziel angekommen, sondern hast dich sogar selbst übertroffen.

Vielleicht kribbelt dein ganzer Körper voller Glück. Womöglich tun dir deine Wangen vor lauter Grinsen schon weh. Oder möchtest du gar in die Höhe springen und dich deiner Euphorie mit Haut und Haaren hingeben? Du hast es verdient, dein Leben durch genau solche Erfolgserlebnisse zu bereichern. Egal, mit welchen

Voraussetzungen du dich jetzt auf den Weg zu deinem Ziel machst, dieser Ratgeber will dich auf einer äußerst erfolgsversprechenden Reise voller Leidenschaft, Feuer, Freude und Fülle begleiten.

Noch ein **Hinweis an dieser Stelle**, damit dieser Ratgeber auch einen echten Mehrwert für dich bieten wird: Das Konzept so ausgelegt, dass du aktiv mitarbeiten kannst. Das bedeutet, dass du immer wieder in dafür vorgesehenen freien Abschnitten die Möglichkeit hast, deine eigenen Gedanken und Vorstellungen zu bestimmten Fragestellungen zu notieren. Nutze sie! Die einzig wirksame und langfristige Erfolgsformel basiert auf der Umsetzung des zum Ziel führenden Wissens, welches du in diesem Ratgeber findest. Legen wir also los.

Was bedeutet Erfolg für dich?

1.1 Macht Erfolg immer glücklich?

Angesichts dessen, dass Erfolg das oberste Ziel vieler Menschen ist, wirst du dich womöglich schwer damit tun, deine eigene Definition zu entwickeln. Dabei sollte die Frage doch lauten: Was bedeutet Erfolg für mich? Im Idealfall bist du nicht nur erfolgreich, sondern empfindest dabei auch eine Art von innerer Erfüllung oder Glück. Immerhin kannst du dir Ziele stecken und diese auch erreichen, ohne dabei glücklich zu sein.

Nehmen wir zum Beispiel an, dass die Gesellschaft, in der du lebst, den Erfolg eines Menschen in Form seines Berufs und eines hohen Gehalts definiert. Du hast dir nun vorgenommen, in den Augen deiner Gesellschaft erfolgreich sein zu wollen. Du wirst also Chefarzt an einem großen Klinikum. Deine Umwelt betrachtet dich als einen sehr erfolgreichen Menschen.

Zunächst stellst du dir vielleicht gar nicht die Frage, ob dich dein Schaffen als Arzt glücklich machen und dich erfüllen wird. Doch später in deinem Leben entdeckst du die Liebe zur Kunst und gehst in diesem Hobby voll auf. Dann erst merkst du, dass dich dein Arzt-Dasein gar nicht erfüllt. Du bist auf dem Papier zwar erfolgreich, aber glücklich macht dich das nicht.

Selbstverständlich empfindest du eine gewisse Art von Glück. Du verdienst gut und bist in der Gesellschaft sehr angesehen. Die Art von Glück, welche dir in diesem Beispiel jedoch fehlt, ist eine tiefergehende, innere Erfüllung, welche das Erreichen deiner Ziele noch wertvoller für dich machen könnte. Damit Erfolg und Glück später Hand in Hand gehen, ist bereits die Zielauswahl entscheidend. Sie entscheidet nämlich darüber, wie du dich am Ende fühlen wirst, wenn du erfolgreich warst.

Sich seiner eigenen sehnlichsten Ziele bewusst zu werden, ist nicht immer ganz leicht. Daher kann dir NLP nicht nur dabei behilflich sein, deine Ziele leichter Realität werden zu lassen. Vielmehr bietet dir die Lehre des NLPs viele Hilfestellungen und Tools an, wie du wertvolle Ziele definieren und diese dann in die Praxis umsetzen kannst.

Für welche Ziele brennst du wirklich? Welche Ziele müsstest du erreichen, um dich als Person auf allen Ebenen erfüllt zu fühlen? Wie wundervoll wäre es, wenn auch du einen Erfolg nach dem anderen feiern dürftest – und zwar die Sorte von Erfolg, bei denen du dich selbst kneifen und fragen wollen wirst, ob dein Leben wirklich so schön sein kann? Genau diese Art der erfüllenden, erfolgreichen Selbstverwirklichung kannst auch du dank dieses Ratgebers aus eigener Kraft anstreben.

Was sind deine persönlichen Ziele?

o

2 Was ist NLP?

Neurolinguistisches Programmieren – dieser Begriff versteckt sich hinter der Abkürzung „NLP." Ob NLP für Manager, NLP für Paare, NLP für Lehrer und Erzieher oder NLP für Verkäufer, wenn es um die Persönlichkeitsentwicklung geht, sind diese drei Buchstaben einfach nicht mehr wegzudenken. Schließlich handelt es sich bei NLP um einen Werkzeugkasten der Kommunikation sowie eine Ansammlung von Tools und Instrumenten, mit denen du dich, deine Persönlichkeit und somit auch dein Leben nachhaltig verändern kannst.

NLP ist extrem vielseitig. Ob zu Therapiezwecken, zu Verbesserung deiner Paar- oder Familienbeziehung sowie im Businessbereich, die Erkenntnisse des NLPs kannst du in quasi allen Lebensbereichen nutzen, um positive Veränderungen anzustoßen. Dass sich NLP aus „Neuro," „Linguistisch" und „Programmieren" zusammensetzt, hat einen guten Grund.

Dabei steht die Abkürzung „Neuro" für das Nervensystem. Jedes Verhalten wird schließlich vom Nervensystem gesteuert. Dabei sind es vor allem dein Rückenmark und dein Gehirn, die an der Steuerung deines Verhaltens, Fühlens und Denkens entscheidend mitwirken. Der Begriff „Linguistisch" erinnert daran, dass Sprache nicht nur ein wichtiges Hilfsmittel zur Kommunikation mit anderen

Menschen ist. Vielmehr kommunizierst du auch mit dir selbst – durch eine Art innere Sprache. Vielleicht gibt es auch in dir so etwas wie eine innere Stimme, die Verbote ausspricht oder dich auf den letzten Metern vor dem Erreichen deines Ziels noch einmal zusätzlich motiviert. Beim „Programmieren" geht es nunmehr darum, dass die Denk- und Verhaltensmuster, die du dir bis jetzt angeeignet hast, zum Großteil erlernt sind.

Dies bedeutet, dass du diese Muster durch eine oder mehrere zielgerichtete Interventionen so verändern kannst, wie es für dich und dein Leben sinnvoller ist. Du kannst dich mit den passenden NLP-Techniken somit selbst so umprogrammieren, dass du in der Zukunft mehr von deinen gewünschten Verhalten an den Tag legst. Sofern du dir eine Veränderung in deinem Leben wünscht, musst du dies mit NLP somit nicht mehr einfach dem Zufall oder bloßem Glück überlassen.

Vielmehr gibt dir NLP jede Menge Tools an die Hand, um systematisch positive Veränderungen in deinem Leben zu bewirken. Dieses Motivations- und Kommunikationsmodell wurde in den 1980er-Jahren an der Westküste der USA entwickelt und ist seither um eine Fülle von weiteren Erfolgsmethoden ergänzt worden.

Bei einer für dich stimmigen Zielsetzung kann NLP dir auch aus folgendem Grund behilflich sein: NLP lässt sich auch als Methode definieren, welche dir dabei hilft, dir fremder oder automatischer Verhaltens- und Denkmuster sowie Ausdrucks- und Wahrnehmungsweisen bewusst zu werden und zu hinterfragen, ob diese Muster für dich wirklich stimmig oder von Wert sind. Der Werkzeugkasten des NLPs kann dir daher dabei helfen, dich zunächst selbst besser kennenzulernen, dir Ziele zu setzen, die für dich persönlich von Wert sind, und diese dann auch mit einer größeren Wahrscheinlichkeit zu erreichen.

2.1 Einige wichtige Annahmen des NLPs

Wer anfängt, sich mit NLP zu beschäftigen, wird schnell auf die zehn Vorannehmen dieser Lehre stoßen. Sie sind nicht als objektive Tatsachen zu verstehen. Vielmehr sollen dir diese Annahmen die Kommunikation mit anderen Menschen leichter machen und dein Leben somit bereichern und es dir ebenfalls erleichtern. Außerdem bauen viele Techniken des NLPs auf diesen Grundannahmen auf. Daher macht es Sinn, an dieser Stelle auf sie einzugehen.

Nachfolgend findest du allerdings nicht alle zehn Grundannahmen vor, sondern nur diejenigen, die für diesen Ratgeber von besonderer Bedeutung sind. Während einige Annahmen selbsterklärend sind, bedürfen anderer der Erläuterung. Dies ist zum Beispiel bei dieser Annahme der Fall: „Die Landkarte ist nicht das Gebiet.“ Für dich bedeutet dies konkret, dass die Welt nicht (unbedingt) so ist, wie du sie siehst.

Schließlich filterst du alle Informationen, die von außen an dich herantreten, durch deine Sinne und interpretierst sie dann gemäß deines (erlernten) Denkmusters. Jeder Mensch hat demnach seine ganz eigene Landkarte, wie er die Welt sieht. Keine dieser Vorstellungen ist komplett und ein Mensch kann immer nur auf seine Sichtweise der Realität und nicht auf die Realität selbst reagieren.

Wenn du etwas länger über diese Vorannahme nachdenkst, wirst du wahrscheinlich feststellen, wie sehr sie dein Leben mit anderen Menschen bereichern kann. Denn wenn du die Landkarte deines Partners, sprich wie er die Welt sieht, verstehst, wirst du leichter einen Zugang zu ihm finden. Ähnlich wirkungsvoll können auch die folgenden Vorannahmen für dein Leben sein:

- „Es gibt keine Fehler – nur Feedback“
- „Hinter jedem Verhalten steckt eine positive Absicht“
- „Menschen treffen stets die beste Wahl, die ihnen gerade zur Verfügung steht“
- „Für jedes Verhalten gibt es einen sinnvollen Kontext“
- „Jeder Mensch verfügt über alle notwendigen Ressourcen“
- „Wenn etwas nicht funktioniert, tue etwas anderes“

2.2 Was sind Werte?

Mit Hilfe der verschiedenen NLP-Techniken kannst du nun also lernen, wie du deine Leben wertvoller gestalten kannst. Doch was genau ist mit Werten eigentlich gemeint? Werte sind als eine Art Richtschnur zu verstehen, nach der du dich in deinem Leben orientieren kannst. Sie sind daher als übergeordnete Maßstäbe zu verstehen und signalisieren, was für dich wünschenswert und wichtig ist. Werte sind auch als deine grundlegenden Lebenseinstellungen und Überzeugungen anzusehen, die demnach dein Denken und Handeln entscheidend beeinflussen.

Die Antworten auf die folgenden Fragen sind allesamt Werte:

⇨ *Was ist dir besonders wichtig in deinem Leben?*

⇨ Was brauchst du, damit dein Leben lebenswert ist?

⇨ Wovon hättest du gerne mehr in deinem Leben?

★

Wenn du deine Werte kennst, kannst du auch Entscheidungen leichter treffen. Schließlich kannst du dann überprüfen, inwiefern eine Entscheidung im Einklang mit deinen Werten steht. Dabei wird es immer Werte geben, die dir wichtiger sind als andere. Ob Freiheit, Liebe, Macht, Sicherheit, Freundschaft, Treue oder Abenteuer, manchmal stehen sich diese Werte sogar gegenseitig im Weg. Dann kommt es zu einem sogenannten Wertekonflikt. Daher ist es so wichtig zu wissen, welche Werte für dich am bedeutendsten sind.

Zum Glück lässt sich die Hierarchie deiner Werte kinderleicht aufstellen. Du beginnst am besten damit, dass du alle Werte aufschreibst, die dir in den Sinn kommen und die in deinem Leben eine Bedeutung haben. Am einfachsten ist es, wenn du diese Arbeit in einem bestimmten Kontext durchführst. Dabei kann es zum Beispiel um dein Beziehungs- oder Arbeitsleben und die Werte, die in diesem Kontext für dich zum Tragen kommen, gehen. Am besten sammelst du rund 20 Werte, bevor du diese im nächsten Schritt sortierst.

Zunächst einmal fängst du damit an, von den 20 Werten vier bis sechs Werte zu streichen, die es niemals in deine Top 5 der Werte schaffen würden. Die restlichen Werte vergleichst du nun paarweise, indem du dir zum Beispiel die Frage stellst, ob dir Liebe oder Freiheit wichtiger ist. Um diese Übung schnell und einfach durchführen zu können, macht es durchaus Sinn, deine Werte auf Karteikarten oder Post-Its zu schreiben. Dann kannst du die Kärtchen einfach hin und her schieben und dir so nach und nach deine persönliche Hierarchie erarbeiten.

Falls du dir nicht sofort sicher bist, welche der zwei Vergleichswerte dir wichtiger ist, kannst du dir auch die Frage stellen, auf welchen Wert du eher verzichten könntest. Diesen Vergleich betreibst du nun so lange, bis sich alle Werte in einer Hierarchie eingeordnet haben (Wichtigkeitsgrad von oben nach unten). Du vergleichst die

Werte immer nur paarweise und hörst erst dann mit dem Vergleich auf, wenn es einen Wert in der bestehenden Liste gibt, der wichtiger ist als der Wert, den du aktuell noch zuordnen musst. Denn dann hat dieser Wert seinen Platz in der Liste gefunden.

⇨ Dein Kontext:

⇨ Deine 20 Werte:

⇨ Deine (hierarchisch geordneten) wichtigsten Werte:

~

3 Zielsetzung mit NLP

Am Anfang eines jeden Erfolgs steht ein klar definiertes Ziel. Doch wie kannst du herausfinden, ob ein Ziel für dich wirklich erstrebenswert und auch umsetzbar ist? Zur Zielformulierung bietet dir die Lehre des NLPs eine Reihe von Tools an. Zunächst einmal ist im NLP von einem wohlgeformten Ziel die Rede. Dazu muss ein Ziel die nachfolgenden Kriterien erfüllen:

1. Positiv formuliert
2. Spezifiziert – sinnesspezifisch und im jeweiligen Kontext
3. Selbst erreichbar
4. Ökologisch
5. Motivierend

Doch was bedeutet das genau? Deine Zieldefinition sollte am Ende keine Negationen mehr enthalten. Ziele wie „Ich möchte mit dem Rauchen aufhören“ erfüllen bereits das erste Kriterium aus der vorangehenden Liste nicht. „Ich möchte 75 Kilogramm wiegen“ ist hingegen ein positiv formuliertes Ziel. Diese Zielformulierung ist zudem deutlich spezifischer als „Ich möchte abnehmen.“

Neben der positiven Formulierung des Ziels ist ein äußerst wichtiger Faktor auch noch die Berücksichtigung des eigentlichen Hauptziels. Du möchtest ja nicht einfach so 75 Kilo wiegen; vielmehr möchtest du dieses Gewicht erreichen, da es dein Wunsch- oder Traumgewicht ist. So könnte deine positive Formulierung beispielsweise wie folgt erweitert werden: „Ich möchte 75 Kilo wiegen, da es mein Traumgewicht ist“. Du wirst feststellen: Je mehr dich die Formulierung motiviert und du dich förmlich nach der Zielerreichung sehnst, desto eher wirst du umgehend mit der Umsetzung beginnen und dein Ziel letztlich auch erreichen. Mehr zum Thema Motivation erfährst du im fünften Schritt der Zielsetzungskriterien.

Das zweite Kriterium besagt, dass deine Ziele möglichst überprüfbar sein sollten. Daher ist es wichtig, zu definieren, an welchem Kontext und welcher innerer Erfahrung du erkennen wirst, dass du dein Ziel erreicht hast. Wenn du 75 Kilogramm wiegen möchtest, wirst du nicht nur beim Gang auf die Waage merken, ob dein Ziel erreicht ist oder nicht. Vielmehr wird deine Kleidung anders sitzen und du wirst wahrscheinlich auch ein anderes Körpergefühl entwickeln, wenn du erst einmal abgenommen hast.

Dir bereits jetzt vor deinem inneren Auge vorzustellen, wie es sich mit allen Sinnen anfühlen wird, dein Ziel erreicht zu haben, hilft dir nicht nur dabei, dich für ein wohlgeformtes Ziel zu entscheiden. Diese innerliche Visualisierung ist außerdem sehr nützlich, um in deinem Kopf bereits die Saat für das Erreichen deines Ziels zu säen. Denn etwas, dass du dir vorstellen kannst, dürfte für dich leichter erreichbar sein als etwas, von dem du keinerlei Vorstellung besitzt.

Tipp: *An dieser Stelle kannst du dir auch das Gesetz der Anziehung zu Nutze machen. Dieses Gesetz besagt, dass Gleiches Gleiches anzieht. Dabei geht es darum, wie deine Gefühle, Gedanken und inneren Vorstellungen mit deinen äußeren Umständen im Zusammenhang stehen. Das Gesetz der Anziehung geht von einer Analogie aus, die Gesetz ist. Diese Analogie kannst du also nutzen, um dir dein Leben innerlich so vorzustellen, wie du es äußerlich gerne hättest. Mit der passenden innerlichen Vorstellung vom Erreichen deines Ziels stößt du somit auch eine äußerliche Veränderung an.*

Dass dein Ziel selbst erreichbar sein sollte, heißt nicht nur, dass du dein Ziel aus eigener Kraft erreichen können solltest. Vielmehr geht es auch um die Größe des Ziels. Zu große Ziele sind nur schwer zu erreichen. Wenn du dir allerdings ein zu kleines Ziel steckst, dann ist dies schlecht für deine Motivation. Selbst erreichbar bedeutet übrigens nicht, dass du beim Erreichen deines Ziels nicht auch auf die Hilfe von anderen bauen kannst. Es sollte jedoch Hilfe sein, die für dich erreichbar ist. Im Rahmen dieser Zielformulierung kannst du dir also bereits darüber klar werden, welche Ressourcen womöglich noch fehlen und brainstormen, wie du diese Ressourcen erlangen könntest.

Das Kriterium der Ökologie, welches auch als Öko-Check sowie als Ökologie-Check bekannt ist, ist besonders wichtig, um zu prüfen, inwiefern deine Zielsetzung mit deinen Werten, deinen anderen Zielen und deinen Beziehungen übereinstimmt. An dieser Stelle geht es nun darum, abzuklopfen, ob dein Erfolg in einem Lebensbereich mögliche negative Auswirkungen in einem anderen Lebensbereich haben könnte.

Nehmen wir zum Beispiel an, du hörst erfolgreich mit dem Rauchen auf. Nun suchst du dir allerdings eine Ersatzbefriedigung, wie zum Beispiel ein Glas Alkohol am Abend oder einen vermehrten Verzehr von Süßigkeiten. Du hast dein Ziel zwar erfolgreich erreicht, aber eben nur ein Laster gegen ein anderes getauscht. Dies ist somit ein Beispiel eines erreichten Ziels, bei dem dein Erfolg negative Konsequenzen für dein Leben hätte.

Außerdem ist es sicherlich sinnvoll, wenn du dich in diesem Zusammenhang fragst, inwiefern dein Freundes- und Bekanntenkreis aus Rauchern besteht. Denn für die meisten Menschen ist ein Zugehörigkeitsgefühl zu ihrem Umfeld sehr wichtig. Wenn du nun jedoch mit dem Rauchen aufhören würdest, würdest du mit dieser Zugehörigkeit zumindest in einer Hinsicht brechen. Das könnte dir das Aufhören deutlich erschweren.

Das gilt besonders deshalb, da es eine Reihe von Studien gibt, die zeigen, dass du von circa 5 bis 7 Menschen in deinem nächsten Umfeld am stärksten beeinflusst wird. Die Wahrscheinlichkeit, dass du das Verhalten dieser Personen/ Gruppe übernimmst oder dein Verhalten an dein enges Umfeld anpasst, ist entsprechend groß. Daher ist es so wichtig, im Rahmen der Zielfindung auch diesen Aspekt nicht zu vernachlässigen. Denn wie dein Umfeld auf die Umsetzung der von dir angestrebten Veränderung reagieren wird, dürfte eine nicht unwichtige Rolle für dich spielen.

Indem du dich bereits bei der Zielsetzung fragst, was das Schlimmste ist, was passieren könnte, wenn du dein Ziel Realität werden lässt, kannst du von Anfang an abschätzen, ob dein Ziel auch Negativkonsequenzen haben könnte. Die folgenden Fragen sollen dir dabei helfen, zu evaluieren, ob das Erreichen deines Ziels für dich und dein Leben stimmig oder eventuell eine Anpassung erforderlich ist:

- ⇨ Wie wirkt sich das Erreichen deines Ziels auf deine anderen Lebensbereiche aus?

⇨ Was musst du aufgeben, um dein Ziel zu erreichen?

⇨ Welche Werte verletzt du, wenn du dein Ziel erreichst?

⇨ Was sind die Vor- und Nachteile deines Erfolgs? Überwiegen die Vorteile die Nachteile?

★

Sofern keine potentiell negativen Auswirkungen gegen dein Ziel sprechen, stellt sich zum Schluss noch die Frage, ob dich dein Ziel motiviert. Denn deine Motivation ist einer der entscheidenden Erfolgsfaktoren, der dich auf dem Weg zum Erreichen deines Ziel begleiten wird. Um zu spüren, wie sehr dich dein Ziel motiviert, gilt es nun, das größere Ziel, welches hinter dem Ziel steht, zu erfragen. Somit tauchst du wieder in die Werteebene ein. Folgende Fragen sind dir bei der Suche nach einem motivierenden Ziel behilflich:

⇨ Was genau ist dir am Erreichen deines Ziels so wichtig?

⇨ Wie bringt dich das Erreichen deines Ziels weiter?

⇨ Was erfüllt sich für dich, wenn du dein Ziel erreicht hast?

★

Indem du diese Fragen für dich beantwortest, wird es dir leichter fallen, Ziele für dich zu entwickeln, für deren Erfüllung du wirklich brennst. Nicht umsonst gilt schließlich das Sprichwort: „Wo ein Wille ist, ist auch ein Weg.“ Denn wenn dein Ziel für dich von so großem Wert ist, dass du es unbedingt erreichen willst, dann wirst du den Weg zum Ziel wesentlich leichter und mit einer höheren Wahrscheinlichkeit beschreiten können.

Tipp: *Dein Ziel sollte alle der genannten Kriterien erfüllen. Gehe am besten ein Kriterium nach dem anderen durch. Sobald du an einem Punkt ankommst, an dem dein Ziel für dich nicht mehr stimmig ist, gilt es, das Ziel um- oder neu zu formulieren. Dann beginnst du erneut mit der Prüfung. Erst wenn du hinter alle Kriterien einen Haken machen kannst, handelt es sich laut der Lehre des NLPs um ein wohlgeformtes Ziel.*

3.1 Visualisierung mit NLP

Selbst wenn du überprüft hast, ob es sich bei deinem Ziel um ein wohlgeformtes Ziel handelt, kann es passieren, dass deine Zielformulierung trotzdem noch mit Problemen behaftet ist. Woran liegt das? Wer sich auch nur im Ansatz mit der Lehre des NLPs beschäftigt hat, der weiß, dass es nicht darum geht, die eben genannten Fragen bezüglich deiner Zielsetzung auf einer rein kognitiven Ebene zu beantworten.

Ob das Ziel tatsächlich erstrebenswert ist und dich somit motivieren kann, alles für die Erreichung dieses Ziels zu tun, kannst du nicht allein mit deinem Verstand beantworten. Vielmehr macht es Sinn, bei Fragen wie diesen auch auf deine Intuition und deine tieferliegenden Werte und dein inneres Wissen zu bauen. Nicht jede reine Vernunftentscheidung ist schließlich auch eine gute für dein Leben.

Aus genau diesem Grund kommt das sogenannte VAKOG-Modell im NLP zum Einsatz. Mit den fünf Buchstaben dieser Abkürzung sind einfach deine fünf Sinne gemeint: V für visuell (Sehen), A für auditiv (Hören), K für kinästhetisch (Fühlen), O für olfaktorisch (Riechen) und G für gustatorisch (Geschmackssinn). Um nun zu überprüfen, ob dein wohlgeformtes Ziel für dich erstrebenswert ist, kannst du eine sogenannte VAKOG-Trance durchführen.

Dabei handelt es sich um nichts anderes als um eine Visualisierung mit allen fünf Sinnen.

Es geht nun also darum, dir vor deinem inneren Auge möglichst genau vorzustellen, in welcher Situation du dich befinden wirst, wenn du dein Ziel erreicht hast. Je mehr du es schaffst, alle fünf Sinne in diese Visualisierung einzubauen, desto realistischer wird sich diese innere Vorstellung für dich anfühlen. Um das Prinzip der VAKOG-Trance zu verinnerlichen, nimmst du dir jetzt am besten einen kurzen Moment, um dich erst einmal an ein bereits vergangenes Ereignis zu erinnern.

Schließe deine Augen und stelle dir vor, dass du wieder in genau der Situation bist. Was siehst du um dich herum? Wie groß und klein sind die Menschen und Gegenstände in deiner Umgebung? Welche Farben siehst du? Was hörst? Wie laut oder weit entfernt nimmst du diese Gerüche wahr? Riechst du etwas, wie zum Beispiel einen frisch gebackenen Kuchen oder einen gerade erst gemähten Rasen?

Kannst du etwas schmecken, wie zum Beispiel das Salz in der Seeluft? Wie fühlt es sich an, in dieser Situation in deiner Haut zu stecken? Dabei geht es sowohl um dein inneres als auch um dein äußeres Erleben. Welche Gefühle nimmst du in dir wahr? Wie fühlt sich deine Haut von außen an? Fühlst du Wärme oder Kälte? Vernimmst du vielleicht ein Kribbeln auf deiner Haut?

Wann auch immer du dich auf eine VAKOG-Trance einlässt, gilt es demnach, all das, was es wahrzunehmen gibt, auch wahrzunehmen. Dabei kann es sinnvoll sein, wenn du zumindest am Anfang alle fünf Sinne bewusst durchgehst, um auch nichts zu vergessen. Während die VAKOG-Trance im Beispiel ein vergangenes Erlebnis hat wiederauferstehen lassen, kannst du mit Hilfe dieser Übung genauso gut in die Zukunft reisen. Irgendwo in dir drinnen gibt es bereits eine Vorstellung von dieser Zukunft, in der du dein Ziel erreicht hast. Im Rahmen deiner VAKOG-Trance trittst du nun diese innerliche Erlebnisreise an. Fühl dich dabei frei und lass ich komplett darauf ein, welches innere Erleben dir in Verbindung mit deinem Ziel in den Sinn kommt. Sofern es tief in dir noch Zweifel gibt, die du mit deinem Ziel verbindest, werden diese im Rahmen der VAKOG-Trance in der Regel zum Vorschein kommen. Wichtig ist dabei vor allem, dass du dich öffnest und dich auf das, was vor deinem inneren Auge vielleicht auch ganz überraschend erscheint, einlässt.

Falls dein Ziel doch noch nicht das richtige ist, hat dir die VAKOG-Trance wertvolle Informationen geliefert, um noch einmal an deiner Zielsetzung zu arbeiten. Falls dich diese Visualisierung auf ganzer Linie erfüllt hat, kannst du diese Übung nicht nur dazu nutzen, um die Kräfte des Gesetzes der Anziehungskraft in Gang zu setzen. Vielmehr hast du immer wieder die Möglichkeit, zu dieser Visualisierung zurückzukehren und das gute Gefühl, welches dich im Erfolgsfall erwartet, bereits jetzt auszukosten. Dies kann unglaublich beflügelnd wirken und entscheidend zu deiner Motivation beitragen.

3.2 Ziele SMART formulieren

Neben wohlgeformten Zielen gibt es in der Lehre des NLPs noch eine weitere Liste von Kriterien, welche deine Zielformulierung im besten Fall erfüllen sollte. Hinter dem Begriff „SMART“ verstecken sich die folgenden Anforderungen:

- Spezifisch oder sinnesspezifisch
- Messbar
- Attraktiv
- Realistisch
- Terminiert

Dass eine möglichst spezifische Zielformulierung erstrebenswert ist, sehen auch die Kriterien der Wohlgeformtheit so vor. Dass dein Ziel attraktiv sein sollte, ist ebenfalls nicht neu. Denn diesen Aspekt deckt die Anforderung, dass es sich um ein motivierendes Ziel handeln sollte, ebenfalls bereits ab. Mit realistisch ist nichts anderes gemeint, als dass dein Ziel für dich erreichbar sein sollte. Auch die Messbarkeit war in der vorausgehenden Definition der wichtigen Zielsetzungskriterien bereits zum Großteil enthalten.

Die Messbarkeit eines Ziels weist nicht nur auf seine positive Formulierung hin. Vielmehr sollte es auch konkrete, sinnesspezifische Marker geben, an denen du erkennen kannst, ob du dein Ziel erreicht hast. Dies könnte zum Beispiel dein Kontostand, dein neuer Jobtitel oder auch die Zahl auf der Waage sein. Wenngleich sich diese Zielkriterien zum großen Teil überschneiden, fügt die SMART-Definition noch das Kriterium der Terminierung hinzu.

Dies ist ausgesprochen wichtig, damit du in absehbarer Zeit auch an deinem Ziel ankommst. Immerhin nützt es dir nichts, wenn du dir vornimmst, ein paar Kilogramm an Gewicht zu verlieren und dieses Vorhaben dann immer und immer wieder nach hinten verschiebst. Dir selbst eine Deadline zu setzen, ist daher ein Muss, wenn du Erfolg haben willst.

Ist mein Ziel: ...

Spezifisch?

Messbar?

Attraktiv?

Realistisch?

Terminiert?

★

Tipp: *Dabei kann es sinnvoll sein, den Weg zum Ziel mit Zwischendeadlines zu spicken, damit du auch Etappensiege feiern kannst, was deine Motivation ebenso steigern dürfte. Wenn du es schaffst, dir heute ein Ziel zu setzen und noch am gleichen oder zumindest am nächsten Tag bereits etwas dafür tust, dies zu erreichen, kommst du dem gewünschten Erfolg einen entscheidenden Schritt näher. Dabei sind Etappensiege gerade bei großen Zielen, auf die du lange hinarbeiten musst, unerlässlich, damit du zwischenzeitlich nicht das Handtuch hinwirfst.*

3.3 Walt-Disney-Strategie

Du traust dich nicht so richtig, so groß wie möglich zu träumen? Du steckst dir häufig viel zu kleine Ziele, obwohl eigentlich noch viel mehr in dir steckt? Dann solltest du die Walt-Disney-Strategie, die du ebenfalls für deine Zielarbeit nutzen kannst, unbedingt kennen. In der Tat wurde diese Strategie in Anlehnung an Walt Disney höchstpersönlich benannt. Bereits der berühmte Disney-Begründer hat sich den Unterschied zwischen den drei wichtigen Phasen der Zielsetzung zu Nutze gemacht.

Er hat sich nicht einfach ein Ziel gesetzt, sondern es aus drei Positionen heraus beleuchtet. Unterschieden wird bei der Walt-Disney-Strategie daher zwischen dem Planer, dem

Träumer und dem Kritiker. Deine Kreativität und eine gehörige Portion Realismus sind also gefordert. Der konstruktive Kritiker ist hingegen da, um so etwas wie einen Öko-Check durchzuführen und Bedenken vorzutragen, warum die aktuelle Zielsetzung zum Beispiel nicht mit anderen Bereichen in deinem Leben harmonieren könnte oder dass dein Plan noch nicht komplett ausgereift ist.

Wenn du dieses Format im Rahmen deiner Zielsetzung anwendest, bist du demnach dazu aufgefordert, Träume und Pläne zu schmieden und durchaus auch kritisch zu sein. Da du diese drei Phasen oder Positionen jedoch streng voneinander trennst, kannst du dich in jeder Phase vollkommen austoben, ohne dass es zu einer Vermischung kommt. Der Träumer darf beispielsweise erst einmal ausgiebig träumen, ohne dass kritische Stimmen ihn sofort einschränken.

Denn das passiert in den Köpfen der meisten Menschen ziemlich oft: Sie haben eine Idee, für die sie Feuer und Flamme sind. Bevor sie überhaupt angefangen haben, sich ihre Idee noch bunter auszumalen, meldet sich schon der Kritiker zu Wort, wobei diese kritische innere Stimme im schlimmsten Fall sogar dazu führen kann, dass die eigentlich so tolle Idee, an der man natürlich noch hätte feilen müssen, gleich wieder verworfen wird. So stehen sich die Menschen dann selbst im Weg.

Damit du gar nicht erst in diese Verlegenheit kommst, ist es wichtig, dass du drei unterschiedliche Stellen im Raum markierst. Du kannst dazu einfach drei kleine Zettel mit den nachfolgenden Aufschriften an verschiedenen Punkten im Raum platzieren: Träumer, Planer und Kritiker. Im nächsten Schritt bist du dazu aufgefordert, die einzelnen Positionen fix zu durchlaufen, um kurz ein Gespür dafür zu entwickeln, worum es bei den einzelnen Positionen eigentlich geht.

Dann fängst du mit der Position des Träumers an. Um dich ganz auf diese Position einzulassen, beginnst du erst einmal damit, dich an eine Situation in deinem Leben zurückzuerinnern, in der du besonders kreativ warst. Somit lässt du dich also innerlich auf einen Zustand der Kreativität ein. Nun kannst du dich einen Moment ganz deinen Träumen hingegeben. Stelle dir vor, wie es wäre, deinen Traum noch größer zu träumen.

Gerne darfst du dir auch bereits vor Augen halten, wie es sich anfühlen würde, deinen Traum Wirklichkeit werden zu lassen. Dabei geht es noch nicht um die Schritte zum Ziel, sondern nur um das kreative Träumen deines Traums. Verlasse diese Position erst, wenn du eine Idee oder einen Traum gefunden hast, für den du dich begeistern kannst.

⇨ *Erkenntnisse des Träumers*

o

Nun ist es an der Zeit für einen sogenannten Separator. Das bedeutet nichts anderes, als dass du deinen inneren Zustand verändern solltest. Nun kannst du im Kopf zum Beispiel deine To-Do-Liste durchgehen, dich fragen, welcher Wochentag heute ist oder einen Hampelmann machen und dabei einen absurden Satz laut rufen. Dadurch schließt du zumindest für den Moment mit der Position des Träumers ab. Weiter geht es mit der Position des Planers.

Auch in dieser Position bist du dazu aufgefordert, dich an eine Zeit zurückzuerinnern, in der dir realistische und sorgfältige Planungen relativ leicht gefallen sind. Sobald du in diesem Mindset steckst, geht es darum, dass du dich als Planer mit dem Ziel oder der Idee des Träumers beschäftigst. Denke über die Idee einen Moment nach und überlege dir in Ruhe, wie du diese in der Praxis umsetzen könntest. Dabei könnten Fragen wie diese aufkommen, deren Antworten du gerne aufschreiben kannst:

- Welche Schritte sind bei der Verwirklichung dieser Idee erforderlich?
- In welcher Reihenfolge solltest du diese Schritte ausführen?
- Wie lange wird es ungefähr dauern, bis du dein Ziel erreicht hast?
- Inwiefern gibt es erstrebenswerte Zwischenziele?

⇨ *Erkenntnisse des Planers*

Nachdem du eine Weile mit viel Sorgfalt und Gewissenhaftigkeit Pläne geschmiedet hast, ist es erneut an der Zeit für einen Separator. Was folgt, ist die Beleuchtung der Ideen und deiner Pläne aus der Sicht des konstruktiven Kritikers. Bevor du dich jedoch mit der Idee näher beschäftigen kannst, ist es auch in dieser Position wichtig, dir eine vergangene Situation in Erinnerung zu rufen, in der es dir wunderbar gelungen ist, Probleme frühzeitig zu erkennen und sie zu umgehen. Wann hast du es das letzte Mal geschafft, die Schwächen eines Plans schon früh zu orten und deinen Plan daher zum Besseren abzuändern?

Dieses Mindset ist dies Grundvoraussetzung, um die von dem Träumer und Planer ausgearbeitete Idee und das Umsetzungskonzept kritisch zu beleuchten. Daraufhin ist es an der Zeit, dich als Kritiker zum Beispiel zu fragen, ob der Plan in seiner jetzigen Form schon perfekt ist oder ob noch etwas fehlt. Vielleicht könnte es bei der Umsetzung deines Plans auch zu Problemen kommen, da dies mit anderen Werten und Zielen in deinem Leben kollidiert. Womöglich fallen dir eine Reihe von Faktoren ein, die du bisher einfach noch nicht berücksichtigt hattest.

⇨ *Erkenntnisse des Kritikers*

o

Wenn du mit deiner Arbeit als Kritiker zufrieden bist, kannst du auch diese Position verlassen. Dann folgt ein erneuter Separator, um dich von der Position des Kritikers zu verabschieden. Falls der Kritiker keine Einwände gefunden haben sollte, kannst du deinen Plan so umsetzen. Falls der Kritiker noch nicht überzeugt ist, ist es an der Zeit alle Positionen, sprich zuerst den Träumer, dann den Planer und zum Schluss den Kritiker, noch einmal zu durchlaufen. Zwischen den einzelnen Positionen ist ein Separator weiterhin ein Muss, damit es zu keinen Vermischungen kommt.

Indem jede Position getrennt voneinander behandelt wird, öffnest du schließlich den Raum für noch mehr Ideen und einen noch solideren Plan, da sich der Träumer, Planer und Kritiker nicht in den Weg kommen können. Selbst wenn es eine sehr kritische Stimme in dir gibt, die auch bei den ersten beiden Positionen gerne ein Wörtchen mitreden würde, kannst du deinen inneren Kritiker wahrscheinlich damit beruhigen, dass er später noch ausreichend Gelegenheit haben wird, um sich im Detail zu Wort zu melden.

Mit der Einnahme der verschiedenen Positionen kannst du gerne etwas experimentieren. Denn wenn die Grundidee erst einmal feststeht, brauchst du den Träumer häufig nicht erneut zu befragen, sondern es kann reichen, wenn der Planer einfach einen anderen Plan entwickelt, der auch den Kritiker zufriedenstellt. Beendet ist dieses Format auf jeden Fall erst dann, wenn der Kritiker keine Einwände mehr hat und du dich daher an die praktische Umsetzung deines Plans machen kannst.

4 Von der theoretischen Zieldefinition zum praktischen Erfolg

Bevor du überhaupt den ersten Schritt auf dem Weg zum Ziel beschritten hast, hast du bereits recht viel Zeit in deine Zielfindung investiert. Doch es gibt genügend Menschen, die sich zwar über ihre Ziele klar sind und dennoch nie dort ankommen, so wie eigentlich hinmöchten. An einem Mangel an Klarheit liegt dies in diesem Fall nicht. Schließlich weißt du dank der eben genannten Techniken genau, wo die Reise hingehen soll.

Eigentlich bist du nach all dieser Vorarbeit auch außerordentlich motiviert, dein Ziel zu erreichen. Aber dann scheiterst du doch wieder. Vielleicht fehlt dir der Glaube oder die Disziplin. Vielleicht sind es aber auch Altlasten der Vergangenheit, die dich daran hindern, in einem bestimmten Lebensbereich erfolgreich zu sein. Natürlich kann dir die Lehre des NLPs dabei behilflich sein, diese Altlasten endlich hinter dir zu lassen.

4.1 Was du zu Glaubenssätzen wissen solltest

Bei einem Glaubenssatz handelt es sich um einen Satz, der das zum Ausdruck bringt, was du tief in deinem Inneren glaubst. Glaubenssätze bilden also dein inneres Modell der Welt und dein inneres Selbstbild ab. Glaubenssätze kannst du daher auch als Belief, Meinungen, Einstellungen oder Überzeugungen bezeichnen. Hier einmal ein paar Beispiele für ein paar negative Glaubenssätze, die für ein glückliches und erfülltes Leben nicht gerade förderlich sind:

- Keiner liebt mich.
- Ich bin ein Nichtsnutz.
- Alle Männer sind Schweine.

Es gibt demnach Glaubenssätze, die dir im Leben helfen und welche, die dich eher behindern. Beispiele für positive Glaubenssätze, die dir auf deinem Weg viel Kraft und Stärke geben können, lautem zum Beispiel wie folgt:

- Alles, was ich tue, wird von Erfolg gekrönt sein.
- Das Universum steht hinter mir.

- Es gibt großen Bedarf für meine Talente und Fähigkeiten in dieser Welt.

- Ich kann alles schaffen, was ich mir vornehme.

Auch wenn dir Glaubenssätze manchmal im Weg stehen werden, kommt der Mensch einfach nicht ohne Glaubenssätze aus. Das hat einen ganz einfachen Grund. Schließlich wissen wir schlichtweg nicht, was real und wie die Welt wirklich ist. Mit unseren Glaubenssätzen entwickeln wir also ein Verständnis für die Welt, da wir sonst komplett orientierungslos wären. Das Problem ist allerdings, dass unsere Glaubenssätze derart massiv in uns verankert sind, dass es nicht reicht, gegenteilige Informationen zu erhalten, um von unseren Glaubenssätzen abzulassen.

Falls es in dir negative Glaubenssätze, wie zum Beispiel der Glaube, dass du es ohnehin nie schaffen wirst, endlich an Gewicht zu verlieren, gibt, die dich daran hindern, dein Ziel zu erreichen, kannst du dir nicht einfach etwas anderes einreden. Sofern du ein Selbstbild einer übergewichtigen Person tief in dir verinnerlicht hast, ist Glaubenssatz-Arbeit erforderlich, um dich von den Glaubenssätzen zu trennen, die für dich und deinen Erfolg nicht förderlich sind.

Dabei ist es wichtig, dass du zunächst Frieden mit deinen Glaubenssätzen schließt. Sie alle sind schließlich da, um dir gute Dienste zu leisten und es gibt auch einen Grund, warum du diese Glaubenssätze einst angenommen hast. Daher wäre es auch sinnvoller, von einschränkenden anstatt von negativen Glaubenssätzen zu sprechen. So kann der Glaubenssatz „Alle Männer sind Schweine“ zum Beispiel eine Schutzfunktion erfüllen, da du von Männern in der Vergangenheit bereits extrem verletzt worden bist. Wenn du nun eine Liebesbeziehung mit einem herzensguten Mann eingehen möchtest, steht dir dieser Glaubenssatz allerdings nur im Weg.

4.1.1 Glaubenssätze verändern

Wenn du in einem beliebigen Lebensbereich Erfolg haben möchtest, ist es sinnvoll, dir Glaubenssätze anzueignen, die dich auf diesem Weg beflügeln. Die Lehre des NLPs kennt viele verschiedene Techniken, um an deinen Glaubenssätzen zu arbeiten. Nicht alle Techniken lassen sich jedoch von dem Anwender selbst ohne die Hilfe einer weiteren Person umsetzen. Damit du selbst so schnell wie möglich aktiv werden kannst, ohne auf die Hilfe eines NLP-Experten angewiesen zu sein, bietet sich die sogenannte Dickens Pattern Übung an.

Bei dieser Übung geht es darum, dass du alte Glaubenssätze, die dich auf deinem Weg zum Erfolg einschränken oder lähmen, gegen neue Glaubenssätze eintauschst, die dich beflügeln können. Ein Ziel dieses Formats besteht darin, dass du dir der riesigen Nachteile und Schmerzen bewusst wirst, die mit deinen alten Glaubenssätzen einhergehen. Denn jeder einschränkende Glaubenssatz steht mit sehr realen Kosten in deinem Leben in Zusammenhang. Indem du dir und deinem Gehirn unmissverständlich deutlich machst, was dich dein Glaube auf den folgenden Ebenen kostet, kannst du es endlich schaffen, von diesem Glauben abzulassen.

- Emotional
- Spirituell
- Geistig
- Finanziell

Dabei reicht es, wenn du in den Schmerz, den die einschränkenden Glaubenssätze für dich und dein Leben bedeuten, nur kurz hineinfühlst. Ziel der Übung ist nicht, dass du leidest. Allerdings musst du kurz in den Schmerz hineinfühlen, damit der Preis, den du für deine einschränkenden Beliefs bezahlst, wirklich real für dich wird.

Nachdem du dir über deine einschränkenden Glaubenssätze bewusst geworden bist, bist du also dazu aufgefordert, dir die folgenden Fragen zu stellen und die

Antworten möglichst zu fühlen: Was hat mich dieser Glaubenssatz in der Vergangenheit bereits gekostet? Was kostet es mich aktuell, an diesem Glaubenssatz auch weiter festzuhalten? Was wird mich dieser Glaubenssatz in Zukunft weiterhin kosten, wenn ich an ihm festhalte, anstatt endlich für allemal von ihm loszulassen? Nimm dir ausreichend Zeit für die Beantwortung dieser Fragen und fahre erst fort, wenn du ein Gefühl für die Last deines Glaubens entwickelt hast.

⇨ *Was sind deine dich einschränkenden Glaubenssätze?*

-

-

-

-

-

-

Nachdem du dir über die Negativkonsequenzen und ihre Schwere klar geworden bist, zerstörst du deinen alten Glaubenssatz am besten mit so viel Leidenschaft wie möglich. Dies kannst du sowohl vor deinem inneren Auge als auch mit einem Stück Papier tun. Lass dich zum Beispiel auf eine VAKOG-Trance ein, in der du deinen Glaubenssatz als ein Graffiti auf einer Mauer vor dir siehst. Diese Mauer machst du dann mit einem Bohrhammer dem Erdboden gleich, damit eine glücklichere Zukunft ohne diesen Glaubenssatz hinter der Mauer zum Vorschein kommen kann.

Ebenso gut kannst du deinen alten Glaubenssatz aber auch auf ein Stück Papier schreiben und ihn voller Inbrunst durchstreichen oder das Papier einfach anzünden. Nun geht es daran, einen neuen Glaubenssatz anstelle des alten zu installieren. Dazu lässt du dich am besten wieder auf eine VAKOG-Trance ein, bei der du mit allen Sinnen in die Zukunft reist.

Stelle dir vor, wie viel schöner dein Leben in einem, fünf, zehn oder noch mehr Jahren sein wird, wenn du fortan mit dem neuen, gewünschten Glaubenssatz lebst. Male dir dein neues Leben möglichst bunt und in Farbe sowie mit vielen positiven Gefühlen aus, um deinen neuen Glauben tief in dir zu verankern. Wenn du Anregungen brauchst, wie deine neuen Glaubenssätze aussehen könnten, kannst du die sogenannte Mentor-Technik nutzen. Diese Übung funktioniert wie folgt:

Bestimmt gibt es eine Person des öffentlichen Lebens oder in deinem direkten Umfeld, die das, was du gerne hättest, bereits erreicht hat. Stelle dir für einen Moment vor, du würdest wie diese Person denken. Welche Glaubenssätze hat die Person wohl? Welche Glaubenssätze haben es ihr erlaubt, ihre Ziele zu erreichen? Durch diese kreative Ideenfindungsübung kannst du neue, wertvolle Glaubenssätze für dein zukünftiges Leben ausmachen. Dabei spielt es keine Rolle, ob die Person tatsächlich das glaubt, was dir im Rahmen dieser Übung in den Sinn kommt. Vielmehr hilft dir das Einnehmen der Mentor-Perspektive dabei, über deinen Tellerrand zu blicken und auf neue, wertvolle Ideen für dein Leben zu kommen.

4.2 Das Prinzip der neuroassoziativen Konditionierung

Auch der bekannte Motivationssprecher Anthony Robbins hat sich damit beschäftigt, wie Menschen ihre Ziele mit Hilfe von NLP besser erreichen könnten. Auf Basis dieser Lehre hat der berühmte US-Amerikaner das Prinzip der neuroassoziativen Konditionierung entwickelt. In nur sechs Schritten soll sich mit diesem Format vergleichsweise schnell eine dauerhafte Veränderung in deinem Leben herbeiführen lassen. Warum dieses Format diesen etwas kompliziert klingenden Namen trägt, lässt sich ganz einfach erklären.

Dieser Name beruht auf den Prinzip, dass das Nervensystem unter bestimmten Voraussetzungen dazu gebracht werden kann, dass Verhaltensänderungen besonders nachhaltig und dauerhaft sind. Das ist immer dann der Fall, wenn du das neue Verhalten tief in dir drinnen mit Freude assoziierst, während du nur Schmerz mit dem alten Verhalten verbindest. Damit diese Konditionierung dir in Fleisch und Blut übergeht, ist es sinnvoll, wenn du die Gefühle von Freude und Schmerz mit einer möglichst hohen Intensität fühlst. Außerdem bedeuten mehr Wiederholungen auch, dass sich die neue, positive Konditionierung immer stärker in dir verankert.

Grundsätzlich bietet sich diese Methode an, um jedes Verhalten sowie Denkweisen, die du dir angeeignet hast, zum Positiven zu verändern. Somit kannst du im Handeln und Denken umschwenken, um dich deinen Zielen Stück für Stück zu nähern. Zu den Beispielen, die Anthony Robbins für die Anwendungsmöglichkeiten dieser Technik nennt, gehören das Abnehmen, die Rauchentwöhnung sowie das Loslassen der Gewohnheit, sich über viel zu viele Dinge im Leben Sorgen zu machen zu. Doch wie genau kannst du dieses Format eigentlich anwenden?

Zunächst einmal solltest du dir bewusst werden, was es ist, was du in deinem Leben eigentlich erreichen willst. Eine positive Zielformulierung steht auch bei diesem Veränderungsformat ganz am Anfang. Dann gilt es, für dich zu bestimmen, was dir auf dem Weg zu dieser erstrebenswerten Veränderung im Weg steht. Welche Hindernisse gibt es? Wahrscheinlich kommt an dieser Stelle dieses Prozesses die Erkenntnis hoch, dass du die Veränderung als schmerzhafter wahrnimmst als das Festhalten an deinem bisherigen Verhalten.

Auch wenn du deinem Körper mit dem Rauchen schadest, so stellen sich die meisten Menschen die Raucherentwöhnung beispielsweise als sehr mühsam, leidselig und rundum unangenehm vor. Dies führt dazu, dass du die gewünschte Veränderung mit Schmerzen assoziierst. Im zweiten Schritt des Formats geht es daher darum, von diesem Denken wegzukommen. Du bist nun dazu aufgefordert, dich mit den Nachteilen auseinanderzusetzen, die du hinnehmen musst, wenn du dich nicht änderst. Das Ziel dabei ist, dass du diese Nachteile als möglichst schmerzhaft empfindest. Dies soll zu einer wirkungsvollen Weg-von-Motivation führen.

Im dritten Schritt sollst du nun dein bisheriges Muster unterbrechen. An dieser Stelle dürfte dir bereits klar werden, dass sich der Prozess der neuroassoziativen Konditionierung nicht mal ebenso am Schreibtisch durcharbeiten lässt. Immerhin musst du in der konkreten Situation, wenn sich das ungewünschte Denk- oder Verhaltensmuster wieder zeigt, eine Unterbrechung dieses ungewünschten Musters herbeiführen. Dies kannst du ganz einfach tun, indem du eine absurde Handlung durchführst, wenn du merkst, dass sich dein altes Muster wieder ankündigt.

Immer dann, wenn du den Impuls, eine Zigarette rauchen zu wollen, in dir verspürst, könntest du zum Beispiel einen Hampelmann machen und einen komischen Satz wie „Juhu, ich glaub mich küsst ein Pferd“ rufen. Doch damit allein ist es nicht getan. In Schritt vier geht es darum, eine neue Alternative zu entwickeln. Du sollst also ein neues Denk- oder Verhaltensmuster finden, welches dein bisheriges Muster ersetzen kann. Wichtig ist, dass du dieses Muster mit Freude verbindest.

Warum diese neue, freudige Alternative so wichtig ist, zeigt das Beispiel des Rauchens ebenso. Nehmen wir an, du rauchst nicht mehr. Da du der Handlung des Rauchens nicht mehr nachgehst, muss eine andere Handlung an die Stelle deines bisherigen Verhaltens treten. Sonst würde es eine Leere in deinem Leben geben, die dazu führen könnte, dass du schnell wieder rückfällig wirst und doch wieder rauchst oder auf ein anderes Laster, wie zum Beispiel zu viel Alkohol, umsteigst.

Schließlich hat es einen Grund gehabt, warum du bisher geraucht hast. Jedes Verhalten verfolgt nämlich irgendeine Absicht. Diese Leere kannst du genauso gut mit einem Verhalten oder Denkmuster füllen, welches zuträglich für das Erreichen deiner Ziele und somit auch für deinen Erfolg ist. Dabei kannst du allerdings nicht jedes beliebige Verhalten oder Denkmuster auswählen, um die besagte

Leere zu füllen. Vielmehr muss das neue Muster die gleiche Absicht verfolgen wie das alte Muster.

Vielleicht rauchst du zum Beispiel, weil du dir dadurch auf der Arbeit immer mal wieder eine kleine Pause gönnen kannst. Dann wäre es im Rahmen dieses Prozesses sinnvoll, dass du eine andere Möglichkeit findest, um Pausen zu machen, welche dir gut tun. Du könntest zum Beispiel kurz vor die Tür gehen oder immer dann, wenn du eigentlich rauchen willst, ganz bewusst die Augen schließen und tief durchatmen, bis du das Gefühl hast, dir die nötige Pause gegönnt zu haben.

Nachdem du dich nun für eine Ersatzhandlung oder ein neues Denkmuster entschieden hast, ist es im fünften Schritt an der Zeit, daraus eine dauerhafte Gewohnheit zu machen. Dies wird dir weitaus leichter fallen, indem du dich jedes Mal, wenn du das neue Muster umgesetzt hast, belohnst. Dabei kann es sich auch um eine emotionale Belohnung handeln. Stell dir einfach vor, dass du dir auf die Schulter klopfst, wenn du es wieder geschafft hast, das neue Muster umzusetzen.

Wichtig ist dabei vor allem, dass du die Freude über das Geschaffte möglichst intensiv fühlst. Je intensiver, desto besser. Außerdem sollte die Belohnung umgehend erfolgen, damit du das neue Muster innerlich dauerhaft mit der Freude der Belohnung verknüpfst. Dann entwickelst du nämlich eine starke Hin-zu-Motivation. Weil du durch das neue Muster Freude verspürst, ist dies ein enormer Anreiz, dich immer wieder gemäß des neuen Musters zu verhalten.

Auch bei diesem Format ist ein Test unerlässlich. Bei diesem Test geht es darum, herauszufinden, inwiefern das neue Verhaltensmuster oder Denken für dich stimmig ist. Die Alternative, die erst so gut klingen mag, könnte schließlich in anderen Lebensbereichen zu Problemen führen. Daher kommt an dieser Stelle wieder das bereits beschriebene Kriterium der Ökologie zum Tragen.

Wie genau du überprüfen kannst, ob es sich um ein ökologisches Ziel oder in diesem Fall um ein ökologisches Verhaltens- oder Denkmuster handelt, weißt du ja bereits. Bevor du dich dazu verpflichtest, dich in deinem Alltag aktiv gemäß eines neuen Musters zu verhalten oder dein Denken entsprechend anzupassen, solltest du unbedingt den Öko-Check, der dieses Format abschließt, durchführen.

4.3 Motivation „Hin zu“ oder „weg von“

Das Format von Anthony Robbins macht sich zwei Formen der Motivation zu Nutze, mit denen du bisher vielleicht noch nicht unbedingt vertraut bist. Grundsätzlich handelt es sich bei der Motivation um die Kraft eines Menschen, etwas zu bewirken, um das von ihm gewählte Ziel zu erreichen. Es ist zwischen der Selbst- und der Fremdmotivation zu entscheiden.

Bei der Selbstmotivation kommt der Antrieb aus deinem Inneren heraus. Bei der Fremdmotivation ist es hingegen so, dass die Antriebskraft von außen stammt. Das ist zum Beispiel dann der Fall, wenn dir eine Strafe droht, falls du dich nicht auf eine bestimmte Art und Weise verhältst, oder dir jemand eine Waffe an den Kopf hält, um dich so zu einem bestimmten Verhalten zu bewegen.

Grundsätzlich gibt es außerdem zwei Richtungen der Motivation, nämlich die Motivation hin zu und die Motivation weg von. Die Weg-von-Motivation kann dich durchaus dazu antreiben, etwas zu tun. Denn das, von dem du weg willst, ist so unschön oder schmerzhaft, dass du es unbedingt hinter dir lassen willst. Der Nachteil dieser Art der Motivation besteht allerdings darin, dass sie mit keinem klaren, positiven Ziel einhergeht. Es geht vielmehr darum, das Unschöne hinter dir zu lassen.

Die Weg-von-Motivation steht somit nicht mit Freude, sondern vielmehr mit einem nachlassenden Schmerz in Zusammenhang. Um diese Motivation auszunutzen, braucht es also ständig irgendeine Art von Schmerz, Leid, Druck oder Kontrolle. Bei der Hin-zu-Motivation ist es vollkommen anders. Bei dieser Art der Motivation ist dein Ziel so attraktiv, dass du es unbedingt erreichen willst. Hier ist jede Menge Spaß mit im Spiel und solange du dein positives Ziel vor Augen hast, scheint alles wie von selbst zu laufen.

Allerdings braucht es bei dieser Motivation eine Erstzündung. Wenn es erst einmal läuft, dann kannst du mit dieser Art der Motivation wirklich herausragende Ergebnisse erzielen. Doch diesen Antrieb musst du erst einmal finden. Aus genau diesem Grund ist es so sinnvoll, diese beiden Arten der Motivation miteinander zu kombinieren, wie es das vorausgehende Format von Anthony Robbins tut. Denn die Weg-von-Motivation, sprich der Schmerz des alten Verhaltens, liefert erst einmal den nötigen Antrieb, um dann mit viel Freude auf deine rundum erstrebenswerten Ziele hinzuarbeiten.

4.4 Dein Unterbewusstsein programmieren

Sowohl durch die Glaubenssatzarbeit als auch bei der von Anthony Robbins entwickelten Technik programmierst du dein Unterbewusstsein um. Schließlich geht es darum, dir innere Muster und Glaubenssätze anzueignen, die für dich zielführend sind. In gewisser Weise erlangst du auf diesem Weg auch die Kontrolle über deine Gedanken. Schließlich sind es deine Glaubenssätze, die bestimmen, wie du die

Welt siehst. Sie funktionieren wie eine Art Filter, durch den du die Welt siehst. Veränderte Glaubenssätze bedeuten daher auch veränderte Gedanken.

Was anfangs noch mit Arbeit und einer ausreichenden Anzahl an Wiederholungen zur Konditionierung verbunden ist, soll möglichst schnell zu deinem neuen Normal werden. Im besten Fall wird dein neuer Zustand für dich sogar dermaßen normal, dass du dich an den alten Zustand kaum mehr erinnern kannst. Wenn ein NLP-Format bei dir wirklich gut funktioniert hat, dann wirst du dich wahrscheinlich so fühlen, als ob deine innere Welt und deine Gewohnheiten schon immer so gewesen sind, wie sie es nach deiner Arbeit an dir selbst sind.

Diese innere Erfahrung zeigt, wie tiefgreifend Veränderungen, die du mittels verschiedener NLP-Techniken erreichen kannst, wirklich sein können. Selbstverständlich gibt es im NLP noch viele weitere Techniken, um dein Unterbewusstsein zu programmieren. Eine Möglichkeit ist die Fremd- oder Selbsthypnose. Im Vergleich zu vielen anderen Techniken, mit denen dich dieser Ratgeber vertraut macht, lässt sich die Selbsthypnose zwar schwerer erlernen. Nichts desto trotz ist diese Technik so wirkungsvoll, dass du zumindest eine erste Idee davon bekommen sollst, wie die Selbsthypnose funktionieren kann und was du damit erreichen kannst.

Der erste Schritt besteht grundsätzlich darin, dich in einen sogenannten Alpha-Zustand zu bringen. Ohne näher auf die Wissenschaft dieses Zustands einzugehen, solltest du einfach nur wissen, dass es sich dabei um einen Zustand der Tiefenentspannung handelt, in dem in deinem Gehirn vorwiegend Alpha-Wellen messbar sind. Diesen Zustand kannst du zum Beispiel erreichen, wenn du autogenes Training betreibst oder meditierst. Ebenso gibt es Software-Programme, die dich anleiten, um dich in diesen Zustand zu bringen.

Wenn du diesen Zustand erst einmal erreicht hast, ist es an der Zeit, dein Unterbewusstsein mit dem zu füttern, was du gerne erreichen möchtest. Überlege dir also schon vorher die passenden Affirmationen und Suggestionen, die du am besten präzise und positiv formuliert hast. Mit einer Affirmation ist nichts anderes gemeint als etwas, das du bejahen möchtest. Es handelt sich dabei um eine positiv formulierte Aussage, die du im Zustand der Selbsthypnose immer und immer wieder in deinem Kopf aufsagst.

⇨ *Deine Affirmationen und Suggestionen*

-

-

-

-

-

-

o

Auch ein Ökologie-Check kann nicht schaden. Die Affirmationen, die du später mit Hilfe der Selbsthypnose verinnerlichen willst, kannst du zuvor gerne mit einem der bereits erläuterten Zielformate, wie zum Beispiel mit Hilfe der Kriterien der Wohlgeformtheit, erarbeiten. Um dir ein Bild davon zu verschaffen, wie eine Affirmation in der Praxis genau aussehen könnte, genügt ein Blick auf die nachfolgende Liste:

- Ich kann das, was ich mir vornehme, auch schaffen.
- Mein Leben ist erfüllt.
- Ich lebe in einer Welt voller Möglichkeiten.
- Ich habe alle Ressourcen bereits in mir.

Wenn du deine Affirmationen in deinem meditativen Zustand nicht innerlich aufsagen möchtest, hast du auch die Möglichkeit, diese Sätze zuvor auf dein Handy oder auf eine CD auf zu sprechen, um sie später einfach nur noch abzuspielen. Gerne kannst du deine Meditations- oder

Selbsthypnose-Reise auch mit einer VAKOG-Trance beenden. Visualisiere den gewünschten Zielzustand noch einmal mit viel Gefühl, um ihn tief in dir zu verankern. Schließlich kennt dein Unterbewusstsein den Unterschied zwischen deinen Träumen und der Realität nicht, so dass du dich auf diesem Weg für deinen Erfolg programmieren kannst.

Tipp: *Wie bei jedem anderen NLP-Format auch, ist es im Anschluss nicht unbedingt sinnvoll, wenn du weiter über das Format nachdenkst. Wenn dich ein Format dazu bringt, eine konkrete Handlung zu ergreifen, um deinem Ziel ein Stück näher zu kommen, nur zu. Nachträglich über die Selbsthypnose nachzugrübeln, ist allerdings nicht empfehlenswert. Denn alle Gedanken und Gefühle, die du dabei hast, wirken auf dein Unterbewusstsein ein. Wer also zu viel über die verschiedenen NLP-Formate nachgrübelt und sich vielleicht sogar Sorgen macht, ob sie wirklich funktioniert haben, der sorgt dafür, dass der eigene Erfolg weniger wahrscheinlich wird.*

4.5 Kontrolle über deine Gefühle erlangen: Ankern

Wenn es darum geht, die Kontrolle über deine Gefühle zu erlangen, dann wollen die meisten Menschen wohl schlichtweg erreichen, dass sie gerade ihren negativen Gefühlen nicht einfach schutzlos ausgeliefert sind. Stell dir zum Beispiel vor, dass du gerne Motivationssprecher werden würdest. Du hast jedoch große Angst davor, vor anderen Leuten auf der Bühne zu stehen und etwas zu präsentieren. Dein Lampenfieber kann dich jedoch nicht von deinem Weg abbringen: Du willst trotzdem Motivationssprecher werden und dein Wissen auf diesem Weg mit anderen Menschen teilen.

Immerhin weißt du, wie wertvoll dein Wissen für andere Menschen sein könnte und wie sehr du ihnen damit helfen könntest. Wäre es daher nicht fantastisch, wenn du deine negativen Gefühle und deine Angst, die besonders kurz vor deinem Auftritt Überhand zu nehmen scheint, einfach ausschalten könntest? Und das am besten auf Knopfdruck? So etwas in der Art ist dank der NLP-Technik des Ankerns in Zukunft auch für dich möglich.

Indem du einen sogenannten NLP-Anker setzt, kommt es zu einer bewussten Verknüpfung von einem externen Reiz mit einer Erfahrung, die du in deinem Leben bereits gemacht hast. Diese Erfahrung kann im Prinzip positiver oder negativer Natur sein. Du könntest also auch einen Anker mit einem negativen Gefühl wählen, um diesen immer dann zu nutzen, wenn du gerade im Begriff bist, etwas zu tun, was du eigentlich nicht mehr tun wolltest. An der Stelle, wo Tony Robbins davon gesprochen hat, das alte Verhalten mit einem Schmerz zu verknüpfen, könnte ein negativer Anker demnach nützlich für dich sein.

Ein positiv belegter Anker kann hingegen dazu führen, dass du das gewünschte Verhalten mit einem positiven Gefühl verknüpfst. Ebenso kannst du einen positiven Anker nutzen, um ein negatives Gefühl abzuschwächen. Das Ganze kannst du dir ungefähr so vorstellen: Du hast Lampenfieber. Dieses Lampenfieber fühlt sich für dich wie Angst an. Auf der Gefühlsskala würdest du deinem Lampenfieber einen Wert von -7 zuordnen, wobei das Minus anzeigt, dass es sich um ein ungewünschtes Gefühl handelt.

Zum Glück kannst du jedoch auf einen positiv belegten Anker der überschwänglichen Freude zurückgreifen. Dieses Gefühl hat einen Wert von +8. Wenn das Anker-Gefühl nun auf dein Lampenfieber trifft, würde ein positives Gefühl von +1 dabei herauskommen. Wenn du dann noch einmal auf deinen Anker zurückgreifst, nachdem du dich aus den Fängen deiner Angst befreit hast, kann es sogar sein, dass du dich noch weiter oben auf der positiven Gefühlsskala bewegst.

Dabei sollen diese Ausführungen natürlich keine wissenschaftliche Erklärung dafür darstellen, was beim Ankern genau passiert. Vielmehr geht es darum, dir ein Bild davon machen zu können, was es mit dem Ankern genau auf sich haben könnte, damit du den grundlegenden Sinn und Zweck dieser Übung verstehst. Doch wie genau kannst du dir das Prinzip des Ankerns in der Praxis denn nun zu Nutze machen?

Ob du nun einen positiven oder negativen Anker setzen möchtest, das Funktionsprinzip dieser Übung ist und bleibt das gleiche. Für viele Menschen sind es jedoch hauptsächlich positive Anker, die sie sich in ihrem Leben zu Nutze machen. Zur Vereinfachung beschäftigt sich das nachfolgende Beispiel daher mit einem positiven Anker. Während du gleich erfahren wirst, wie du einen externen Reiz mit einer bestimmten, hochemotionalen Erfahrung verknüpfen kannst, solltest du zunächst einmal die Basics kennen und wissen, dass es sich bei diesem externen Reiz zum Beispiel um einen leichten Druck auf eine von dir gewählte Körperstelle handeln kann.

Dieser Punkt an deinem Körper wird durch das Ankern von deinem Unterbewusstsein mit der jeweiligen Emotion der Erfahrung in Zusammenhang gebracht. Dies bedeutet in der Praxis, dass du diesen Punkt nur kurz anfassen musst, um diese Erfahrung und die damit verbundenen Gefühle wieder in dir hochkommen zu lassen. Der Ankerpunkt ist also im positiven Sinne ein Trigger-Punkt. Das bedeutet allerdings auch, dass du eben keinen x-beliebigen Punkt an deinem Körper nehmen kannst. Schließlich gibt es zahlreiche Punkte an deinem Körper, die im Alltag oftmals berührt werden. Dabei ist es gar nicht zwingend notwendig, dass du oder eine andere Person diese Punkte berühren.

Wenn du zum Beispiel an einem Computer tippst, dann berühren deine Fingerspitzen die Tastatur. Einen Anker-Punkt auf deine Fingerspitzen zu legen, wäre daher denkbar ungünstig. Denn dieser Anker würde sich schnell abnutzen, weil externe Reize an deinen Fingern so häufig sind. Wähle also einen Punkt, der nicht allzu oft berührt wird. Ebenso ist es wichtig, dass dieser Punkt für dich gut zugänglich ist und du ihn am besten auch ganz diskret berühren kannst. Um das positive Gefühl des Ankers aufzurufen, musst du den besagten Punkt schließlich berühren.

Das sollte im besten Fall so diskret geschehen, dass die umstehenden Personen, gar nicht mitbekommen, was du da tust. Anker an ausgewählten Stellen der Hände zu setzen, hat sich daher bewährt. Du kannst dazu zum Beispiel die dünnen Hautfalten zwischen zwei Fingern auswählen oder mit Daumen und Zeigefinger Druck auf die Stelle zwischen zwei Fingerknöcheln ausüben. Solch einen Ankerpunkt kannst du auch im Alltag von anderen ganz unbemerkt berühren.

⇨ Dein Ankerpunkt (Körperstelle), sprich der externe Reiz:

⇨ Zustand (z.B. Angst, negatives Gefühl), den du verbessern möchtest:

⇨ Erfahrung (positiv oder negativ), die du ankern möchtest:

⇨ Wert des zu verändernden Zustandes vor dem Ankern (auf der Gefühlsskala):

Nehmen wir an, du hast den für dich perfekten Ankerpunkt gefunden. Wie schaffst du es nun, dass ein positives Gefühl in dir hochkommt, wann immer du den Anker-Punkt berührst? Dies ist relativ einfach. Zunächst einmal lässt du dich auf eine VAKOG-Trance ein. Rufe dir eine Erfahrung vor dein inneres Auge, die mit dem positiven oder negativen Gefühl einhergeht, welches du gerne mit dem Anker-Punkt verknüpfen willst. Dabei ist ein möglichst intensives Gefühlserleben im Rahmen dieser Technik sehr sinnvoll.

Male dir diese Erfahrung innerlich nun so intensiv und mit allen Sinnen aus, dass du das Gefühl hast, dich live und in Farbe in dieser Situation zu befinden. Wie so oft in der

Lehre des NLPs, ist die Kraft deiner Imagination an dieser Stelle gefragt. Kurz bevor du nun den Höhepunkt des positiven Gefühls erreichst, solltest du den Punkt berühren, den du als Anker-Punkt gewählt hast. Drücke dazu zum Beispiel mit dem Daumen und Zeigefinger der einen Hand auf die dünne Haut zwischen dem Daumen und Zeigefinger der anderen Hand. Halte deinen Anker für einen kurzen Augenblick gedrückt.

Während dieser Zeit ist es enorm wichtig, dass dein positives Gefühl sich immer mehr steigert. Du solltest den Anker somit lösen, sprich die Hautstelle loslassen, bevor der Höhepunkt des Gefühls erreicht ist. Der Höhepunkt des Gefühls ist mit einer metaphorischen Bergspitze zu vergleichen. Während du den Berg heraufsteigst, nimmt deine Euphorie immer mehr zu. Bist du auf dem Gipfel angekommen, so hast du deinen emotionalen Hochpunkt erreicht. Von da an geht es mit deinem guten Gefühl nur noch bergab.

Dass du den Anker-Punkt vor dem Beginn der emotionalen Talfahrt loslässt, ist entscheidend. Denn das Gefühl, welches du innerlich erlebst, wenn du den Punkt drückst, wird mit diesem Punkt verknüpft. Den emotionalen Abschwung willst du natürlich nicht mit dem besagten Punkt verknüpfen, nur weil du diesen zu lange gedrückt gehalten hast. Sobald die Verknüpfung erfolgt ist und du den gewünschten Anker gesetzt hast, ist es an der Zeit für einen Separator.

Nachdem du dich durch den Separator in einen anderen inneren Zustand versetzt hast, kannst du nun prüfen, ob du deinen Anker erfolgreich gesetzt hast. Zu Beginn tust du allerdings gut daran, den gewünschten Anker zwei- bis dreimal zu setzen, bevor du prüfst, ob du erfolgreich warst. Besonders Anfänger können zur Festigung von dieser Wiederholung profitieren.

Drücke nun einfach auf den Anker-Punkt, um zu sehen, ob dieser Reiz das gewünschte, einprogrammierte Gefühl in dir auslöst. Wenn dem so ist, kannst du dir dies in Zukunft auf dem Weg zu deinem Ziel zu Nutze machen. Falls es mit dem Ankern nicht geklappt hat, kann dies verschiedene Gründe haben. Dabei verrät das TIGER-Prinzip, was einen guten Anker ausmacht und warum es vielleicht nicht geklappt hat:

- Timing
- Intensität des Zustands
- Genauigkeit der Wiederholung
- Einzigartigkeit des Ankers
- Reinheit des Zustands

Mit dem Timing ist lediglich gemeint, dass du deinen Anker an der richtigen Stelle der emotionalen Erregungskurve, nämlich kurz vor dem Gipfel, setzen solltest. Um das Anker-Format erfolgreich nutzen zu können, musst du den Anker zudem mit einem sehr intensiven Gefühl verknüpfen. Vielleicht hat das Format für dich also deshalb nicht funktioniert, weil du dir eine Erfahrung vor Augen geführt hast, die emotional einfach nicht kraftvoll genug war.

Warum es so wichtig ist, eine hochemotionale Erfahrung zum Ankern zu verwenden, zeigt auch diese Erklärung: Schließlich ist es beim Auslösen des Ankers nicht so, dass du einen neuen, emotionalen Zustand erzeugst. Vielmehr rufst du einen alten Zustand einfach nur auf Knopfdruck hervor. Du kannst also nur das verankern, was bereits in dir ist. Je intensiver dieses Gefühl ist, desto dienlicher kann dir dein Anker in Zukunft bei beunruhigenden Situationen wie zum Beispiel bei deinem Lampenfieber sein.

Ein weiteres Problem kann darin bestehen, dass du den Anker-Punkt beim Auslösen nicht genau getroffen haben könntest. Die Verkettung zwischen dem externen Reiz und einem internen Gefühl kann nur dann optimal funktionieren, wenn du den Anker-Punkt immer an der gleichen Stelle und mit dem gleichen Druck berührst. Auch deshalb solltest du dich für einen möglichst einfach auszuführenden externen Reiz an einer gut erreichbaren Stelle entscheiden.

Die Wichtigkeit der Einzigartigkeit eines Ankers, damit dieser sich nicht im Alltag abnutzen kann, sollte dir dank des Beispiels deiner Fingerspitzen bereits ein Begriff sein. Auch ein Handschlag wäre ein denkbar schlechter Anker. Denn da du Leuten in deinem Leben wahrscheinlich immer mal wieder die Hände schüttelst, würden dieser Punkt im Laufe der Zeit auch mit anderen Erfahrungen, die du beim Treffen mit diesen Leuten, denen du die Hand gibst, machst, verknüpft werden. Damit du über den Anker-Punkt nur die gewünschte Erfahrung abrufen kannst und sich dieser nicht abnutzt, ist ein einzigartiger Anker-Punkt daher ein Muss. Denn dann ist dieser Punkt nur mit der von dir einprogrammierten Erfahrung und nicht mit einer Vielzahl von Lebenserfahrungen belegt.

Dass der Zustand, den du mit deinem Anker-Punkt verknüpfst, so rein wie möglich sein sollte, erklärt sich an dieser Stelle fast von selbst. Nehmen wir zum Beispiel an, du erinnerst dich an einen positiven Zustand, in dem du dich wirklich fantastisch gefühlt hast. Doch dann kommt Wehmut in dir auf, dass die schöne Zeit schon vorbei ist. Wenn du nun einen Anker setzen würdest, wäre dieser nicht rein positiv, sondern es würde immer auch ein bisschen Sehnsucht und Wehmut nach dem Vergangenen mitschwingen.

Daher ist es so wichtig, dass du beim Ankern auf einen rein positiven (oder rein negativen) Zustand setzt. Wenn du diese Tipps allesamt beherzigst, dürfte auch dir diese Technik schon bald leicht von der Hand gehen. Ob bei Stress, Angst oder Überforderung, in der Praxis wirst du schnell feststellen, wie hilfreich und wertvoll ein positiver Anker für dich, dein Leben und für deinen Erfolg sein kann. Auch wenn du dir mehr Energie oder Selbstbewusstsein wünscht sowie dein Konzentrationsvermögen erhöhen willst, kann dir das Prinzip des Ankers behilflich sein. Zusammen mit der Glaubenssatzarbeit wirst du so immer mehr zu dem Menschen, der du gerne sein möchtest.

⇨ Wert des ursprünglich zu verändernden Zustandes beim Verwenden des Ankers
(auf der Gefühlsskala):

4.6 Beziehungen verbessern mit NLP

Bereits die NLP-Grundannahmen können dir dabei helfen, deine Beziehungen mit anderen Menschen enorm zu verbessern. Dabei sind es vor allem die folgenden Annahmen, die du dir in einem sozialen Kontext zu Nutze machen kannst:

- „Jeder Mensch hat seine eigene Landkarte“
- „Hinter jedem Verhalten steckt eine positive Absicht“
- „Menschen treffen stets die beste Wahl, die ihnen gerade zur Verfügung steht“
- „Für jedes Verhalten gibt es einen sinnvollen Kontext“

Nehmen wir zum Beispiel an, dass dir dein Mann einen Staubsaugerroboter zum Geburtstag schenkt. Er ist ganz begeistert, weil er der Meinung ist, dass er dir das Leben damit viel leichter machen wird. Schließlich musst du dann nicht mehr so viel putzen und hast viel mehr Freizeit. Dann könntet ihr als Paar mehr miteinander unternehmen. Das alles sagt dein Mann dir jedoch nicht, sondern er denkt es sich nur.

Als dein Mann dir nun den Staubsaugerroboter mit einem sehr glücklich aussehenden Gesicht zum Geburtstag überreicht, könntest du losheulen. Was hat er sich dabei bloß gedacht? Du denkst dir nur, dass das wohl eher sein Wunsch war. Du bist der Verzweiflung nahe: „Wieder ein Technikspielzeug mehr. Das kann doch nicht sein Ernst sein, dir ein Haushaltsgerät zu schenken.“ Meint dein Mann wirklich, dass Frauen nur zum Putzen da sind? „Dann hat er definitiv die Falsche geheiratet.“

An diesem Beispiel kannst du sehr gut sehen, wie es aufgrund der verschiedenen Landkarten von zwei Menschen zu zwischenmenschlichen Problemen kommen kann. Wenn du dich jedoch nun daran erinnerst, dass hinter jedem Verhalten eine positive Absicht steckt, dann könntest du deinen Mann fragen, was für eine Absicht er denn mit seinem Geschenk verfolgt hat. Das würde dir jede Menge Ärger und Frust ersparen. Du könntest dich dann zumindest über die positive Intention deines Mannes freuen.

Schließlich dachte er, dass er dir mit dem Saugroboter wirklich etwas Gutes tut. Du könntest dich in diesem Zusammenhang auch mit ihm darüber unterhalten, dass deine Sicht auf die Welt in gewissen Bereichen eben eine ganz andere ist als deine und, dass du dir in Zukunft lieber Geschenke wünschst, die deinen Vorstellungen von einem schönen Präsent entsprechen.

In dieser Situation könntest du deinem Mann einen Einblick in deine Landkarte geben, indem du ihm erklärst, welche Art von Geschenken dein Herz wirklich höher schlagen lassen. Oder du könntest ihn darum bitten, dir zu seinem Geschenk in Zukunft noch eine nette Karte zu schreiben, damit du beim nächsten Mal besser verstehen kannst, warum er ein bestimmtes Präsent für dich ausgewählt hat. Allein dieser Dialog miteinander könnte die Qualität eurer Beziehung bereits erheblich verbessern.

Das Wissen, dass jeder Mensch eine andere Landkarte hat, kommt auch bei einer NLP-Übung namens „1 2 3 Wahrnehmungspositionen“ zum Tragen. Mit dem Konzept der verschiedenen Positionen bist du ja bereits vertraut. Denn auch bei der Walt-Disney-Strategie gab es drei Positionen. In der ersten Position dieser 1-2-3-Übung bist du ganz du selbst. Du erlebst alles aus deinem Inneren heraus und bist nicht dazu in der Lage zwischen einer reinen Beschreibung und einer Bewertung eines Tatbestandes zu unterscheiden.

In der zweiten Position identifizierst du dich mit einer anderen Person, in diesem Fall mit der Person, mit der du ein Problem oder einen Konflikt hast oder zu der du einfach gerne ein besseres Verhältnis hättest. Du schlüpfst in die Welt und Landkarte der anderen Person. Indem du dich in dieses Mindset hineindenkst und -fühlst, wirst du eher dazu in der Lage sein, die Absicht der anderen Person zu erkennen. Sinn dieser Übung ist also, den anderen viel tiefergehender zu verstehen und auch auf dieser Ebene, auf der sich die andere Person verstanden fühlt, mit ihr zu kommunizieren.

Außerdem kommt Position drei ins Spiel. Von dieser Position aus kannst du den möglichen Konflikt mit viel Gelassenheit betrachten und siehst von außen (zum Beispiel von oben herab), welche Ressourcen die beiden Personen noch brauchen könnten. Eine solche Ressource könnte zum Beispiel mehr Geduld sein. Außerdem bist du von dieser

Position aus in der Lage, die Situation einfach nur zu beschreiben und sie nicht zu bewerten. Das sollte dir einiges an Klarheit bringen.

Auch bei dieser Übung bist du nun dazu aufgefordert, die verschiedenen Positionen immer wieder zu durchlaufen, bis du das Gefühl hast, dass die Situation durch diese Übung erst einmal für dich geklärt ist. Zwischen den einzelnen Positionen solltest du natürlich auf einen Separator zurückgreifen.

Je mehr du dich der Perspektive der anderen Person gegenüber öffnen kannst, desto mehr wird dir diese Übung dabei helfen, Konflikte mit anderen Personen besser lösen zu können. Das setzt allerdings voraus, dass die andere Person auch offen dafür ist. Denn trotz aller Mühe, die du dir gemacht hast, und trotz deines guten Willens, kannst du schließlich niemanden zu seinem Glück zwingen.

4.7 Verlockende Zukunft

Das Format „Verlockende Zukunft“ ist geradezu prädestiniert dazu, dein Unterbewusstsein auf die gewünschte Zukunft zu trimmen. Dieses Format, bei dem du mit einer Zeitlinie, also einer Darstellung der Zeit von heute an bis zu dem Zeitpunkt in der Zukunft, an dem du dein Ziel erreicht hast, arbeitest, hilft dir nicht nur dabei, deine Zukunft zu planen. Vielmehr kannst du deine erfolgreiche Zukunft in deinem Unterbewusstsein gewissermaßen vorprogrammieren, damit du am Ende auch wirklich am gewünschten Ziel ankommst. Dieses Format besteht aus acht Schritten, wobei der erste Schritt die Zielfindung ist. Bevor du im weiteren Verlauf alle nötigen Informationen zu jedem dieser Schritte erfährst, kannst du dir hier erst einmal einen generellen Überblick verschaffen:

1. Zielfindung.
2. Visualisierung deines Ziels, wobei du von außen auf dich schaust (Dissoziation).
3. Platzieren deines Zielbilds auf der Timeline (Zeitlinie) und fühle von innen heraus hinein, ob alles stimmig ist (Assoziation).
4. Dissoziation, um zu überprüfen, ob noch Ressourcen fehlen. Ressourcen, die benötigt werden, schicken. Erneute Assoziation, um zu prüfen, ob alles stimmig ist.
5. Dissoziation: Was benötigst du außerdem, damit du dein Ziel auch wirklich Realität werden lassen kannst?
6. Assoziation, um diese Ressourcen zu identifizieren und sie entlang der Timeline

zu platzieren und dort zu verankern. Erneute Überprüfung, ob noch etwas fehlt. Wenn ja, die vorherigen Schritte wiederholen und die benötigten Ressourcen hinzufügen.

7. Aus der Gegenwart überprüfen, wie sehr dich deine Zukunft anlockt und ob dir deine Vergangenheit dabei den Rücken stärkt.

8. Future Pace.

An dieser Stelle solltest du erneut auf die Wohlgeformtheitskriterien (Kapitel 4.4.) zurückgreifen, um sicherzustellen, dass du dich für ein Ziel entscheidest, welches für dich auf allen Ebenen stimmig ist (1). Im nächsten Schritt ist es an der Zeit, dein Ziel zu visualisieren (**2**). Dabei ist es wichtig, dass du dies dissoziiert tust. Das bedeutet, dass du dir zwar ein Bild von deinem Ziel machst, dich dabei aber von außen siehst. Somit hast du die Möglichkeit, bereits jetzt zu prüfen, ob es noch etwas gibt, was an deiner Zielsetzung verbessert werden sollte.

Am besten führst du diese Übung in einem Raum mit ausreichend Platz aus. Schließlich musst du dir im dritten Schritt eine Zeitlinie vor dir auf dem Boden denken. Du stehst quasi in der Gegenwart und die Zeitlinie zeigt von dir aus direkt in die Zukunft. Schaue dir deine gedachte

Zeitlinie eine Weile an und spüre intuitiv, an welcher Stelle du dein Ziel platzieren solltest.

Nachdem du dein Ziel in Form eines kleinen Stücks Papier mit der Aufschrift „Ziel“ oder eine anderen von dir gewählten Aufschrift auf dem Boden platziert hast, stellst du dich bitte auf dein Ziel. Nimm nun die assoziierte Position ein. Jetzt blickst du nicht mehr von außen auf die Situation, sondern fühlst in dich hinein, um so zu überprüfen, ob alles stimmig ist.

Verlasse nun die assoziierte Position wieder und kehre in die Dissoziation zurück, bei der du dich von außen siehst (**4**). Prüfe noch einmal, ob noch irgendetwas fehlt. Wenn dem so ist, schicke deinem zukünftigen Ich alle nötigen Ressourcen, bis nichts mehr fehlt. Stell dir dabei vor, dass hinter dir ein nicht enden wollender Ressourcen-Wasserfall plätschert, auf den du beliebig zugreifen kannst, ohne dass die benötigten Ressourcen dabei zur Neige gehen. Flute deine Zeitlinie in Gedanken nun mit all den Ressourcen, die benötigt werden.

Um eine besonders hohe Wirksamkeit der Übung zu erzielen, ist es sinnvoll, wenn du dir auch die passenden Geräusche, Farben sowie ein Gefühl für diesen Ressourcenfluss vorstellst. Mit je mehr Sinnen du die Ressourcen vor deinem inneren Auge schicken kannst, desto besser ist es. Einige kritische Leser werden sich nun fragen, um was für einen Hokuspokus es sich denn bei dieser Übung handelt. In der Tat kann solch ein kritisches Mindset dazu führen, dass du dich nicht ausreichend für die in diesem Ratgeber genannten Techniken öffnest und sie bei dir daher nicht funktionieren.

Schließlich kannst du dich nicht einfach in die Übungen reindenken. Vielmehr wirst du nur erfolgreich sein, wenn du die Übungen allesamt mit einem tiefen, inneren Erleben verknüpfst. Im Übrigen geht es nicht darum, mit dieser Übung tatsächlich irgendwelche Ressourcen aus dem Universum an dein zukünftiges Ich zu schicken. Inwiefern das auf einer energetischen Ebene überhaupt möglich ist, ist schließlich hochgradig umstritten. Stell dir einfach vor, dass diese Übungen die Sprache deines Unterbewusstseins sprechen und sie nutzen, um die gewünschten Umprogrammierungen für ein glücklicheres und erfolgreicheres Leben vorzunehmen.

Um nun zu prüfen, ob die Ressourcen, die du deinem zukünftigen Ich im Rahmen dieser Übung geschickt hast, bereits ausreichen, assoziierst du bitte erneut in die besagte Position hinein. Von innen heraus kannst du erneut überprüfen, ob alles stimmig ist. Nun erfolgt ein weiter Wechsel zur Dissoziation (**5**). Stell dir in dieser Position die Frage, was du noch benötigst, damit du dein Ziel wirklich erreichen kannst. Diese Ressourcen solltest du nun verinnerlichen und entlang der Zeitlinie platzieren. Stelle dich jeweils auf den Zettel mit der jeweiligen Ressource und spüre ganz tief in dich hinein, wie es sich anfühlt, über diese

Ressource auf deinem Weg zum Ziel zu verfügen (**6**).

Somit verankerst du die Ressourcen quasi auf deiner Zeitlinie, damit du sie später genau dann abrufen kannst, wenn du an diesem Abschnitt der Zeitlinie auch im echten Leben vorbeikommst. Anschließend bist du wieder dazu aufgefordert, zu überprüfen, ob noch etwas fehlt. Falls dem so sein sollte, kannst du weitere Ressourcen entlang der Zeitlinie installieren und diese dort verankern. Dies tust du so lange, bis du an dem Punkt angekommen bist, an dem nichts mehr fehlt.

Nimm nun wieder die Position der Gegenwart ein (7). Schaue in Richtung deiner Zukunft und frage dich jetzt, wie verlockend diese Zukunft für dich ist. Spüre auch in deine Vergangenheit hinein, um zu überprüfen, ob sie dir den Rücken stärkt. Falls dem nicht so sein sollte, kannst du dich entlang deiner gedachten Zeitlinie auch rückwärts bewegen und von der Vergangenheit aus Ressourcen an dein jetziges Ich schicken. Dabei geht es schlichtweg darum, dein Unterbewusstsein auf deinen Erfolg zu programmieren und mögliche Altlasten, die du tief in dir noch mit dir herumträgst, nach Möglichkeit mit den Ressourcen zu füttern, die benötigt werden, damit du dein Ziel ungehindert und frei von Ballast erreichen kannst.

Ganz zum Schluss folgt im achten Schritt noch ein sogenannter Future Pace. Diese Technik ist dazu da, um das, was du dir in dieser Übung erarbeitet hast, zu sichern, damit du die gewünschten, neuen Verhaltensweisen von jetzt an tatsächlich in deinem Leben umsetzen kannst und wirst. Dieser Prozess findet bei vielen verschiedenen NLP-Formaten, die allesamt eine Veränderung in deinem Leben bewirken wollen, standardmäßig statt. Mit dem Future Pace gehst du erneut einen Schritt in die Zukunft.

Du malst dir nun innerlich eine Situation aus, in der du beispielsweise das neue Verhaltensmuster, welches du dir als Ziel gesetzt hattest, ausleben kannst. Nehmen wir zum Beispiel an, du willst netter zu deinen Kindern sein und sie nicht mehr so viel anschreien. Nun stellst du dir eine typische Situation vor, wie du sie mit deinen Kindern schon unzählige Male erlebt hast: Deine Kinder sind im Restaurant laut und bleiben nicht am Tisch sitzen, sondern laufen kreuz und quer durch das Lokal.

Du bist aber nun dein neues Ich mit all‘ den Ressourcen, die du dir geschickt hast. Jetzt gilt es zu prüfen, wie dieses neue Ich reagiert. Lasse quasi einen inneren Film von dieser Situation in dir ablaufen und dich davon überraschen, welchen Verlauf dieser Film nun nimmt und wie du auf diese altbekannte Situation reagierst. Durch diese „Fallstudie in der Zukunft“ kannst du nun überprüfen, ob die Problemlösung, die du gefunden hast, wirklich funktioniert hat und die gewünschte Verbesserung bereits eingetreten ist.

Zu der Funktionsweise des Future Pace lässt sich festhalten, dass dieser unter anderem auf dem Ressourcenaufbau basiert. Das gilt nicht nur für die Ressourcen, die du dir selbst im Rahmen dieser Übung schickst. Vielmehr soll das geistige Erleben der gewünschten Veränderung sich so erstrebenswert anfühlen, dass diese Zukunft für dich noch verlockender wird und du somit eine starke Hin-zu-Motivation entwickelst.

Zusätzlich kannst du beim Future Pace auch noch einen geistigen Anker in der Zukunft setzen. Stelle dir dazu ein Erinnerungssignal vor, welches das gewünschte, neue Verhalten sofort aktiviert. Das kann zum Beispiel bedeuten, dass du dir das Gesicht deines Kindes vorstellst, wie es ganz verschmitzt guckt. Denn so guckt dein Kind immer, wenn es gerade zu Schabernack aufgelegt ist. Diesen Gesichtsausdruck kannst du nun mit dem neuen, gewünschten Verhalten deinerseits verknüpfen und so die Wahrscheinlichkeit steigern, dass das gewünschte Verhalten in Zukunft zu deinem neuen Automatismus werden wird.

Durch den Future Pace kannst du dich zudem trainieren, um das neue Verhalten oder Denken, welches du gerne verinnerlichen möchtest, schon einmal in Gedanken einübst. Zusätzlich fungiert der Future Pace auch als Test, ob alles stimmig ist oder du einen der vorherigen Schritt des Formats noch einmal wiederholen musst. Ohne den Future Pace wäre dieses Format schlichtweg nicht vollständig, da du dann Gefahr laufen würdest, all das, was du dir gerade erst erarbeitet hast, gleich wieder zu verlieren.

4.8 Fast Phobia: Phobien schnell beseitigen

Ob Lampenfieber, Stress, Versagensängste, Angst vor Menschenmassen oder andere Phobien, vielleicht wirst du genau dadurch daran gehindert, dein Ziel endlich zu erreichen. Doch es geht auch anders. Denn das Fast-Phobia-Format steht bereit, um dich in Windeseile von diesen lähmenden Ängsten und Sorgen zu befreien. Eine Phobie kannst du dir in etwa so vorstellen: Nehmen wir an, dass du Angst vor Haien hast.

Du hast mal einen Film im Fernsehen gesehen, in dem ein Hai einen Taucher angegriffen und schwer verletzt hat. Das war ganz grausam für dich. Jedes Mal, wenn du auch nur einen Plüschhai oder ein Bild von einem Hai siehst, wird dir nun ganz anders vor Angst. Denn dann läuft der Film des verunglückten Tauchers wieder vor deinem inneren Auge ab.

Der Plüschhai ist in diesem Fall der visuelle Anker, der mit deinem inneren Film der Angst verknüpft ist. Wenn du nun dazu in der Lage bist, diesen äußeren Reiz mit einem anderen inneren Film zu verbinden, dann kannst du deine Angst loswerden. Genau das ist das Ziel dieses Formats.

Dazu musst du zu Beginn dieses Formats allerdings erst einmal an eine Situation denken, welche deine Phobie auslöst. Du solltest dabei durchaus die Angst der Phobie verspüren, wenn auch nicht in einem übermäßigen Maße. Bevor dein Leiden zu groß wird, blendest du diese angsteinflößende Situation aus. Es reicht, wenn du deine Angst nur ein kleines bisschen verspürt hast.

Jetzt fängt die eigentliche Arbeit an. Du schließt die Augen und stellst dir vor, wie du dich nach und nach dem Trigger, der dich so große Angst haben lässt, näherst. Das Ganze läuft vor deinem inneren Auge als ein Schwarzweißfilm ab. Diesen Film lässt du nun bis zu dem für dich schlimmsten Punkt ablaufen, an dem du den Film anhältst.

Du siehst nur noch ein Standbild. Dann springst du quasi in dieses Standbild hinein. Du siehst alle Details des Films vor deinem inneren Auge um dich herum. Jetzt bringst du Farbe in Spiel. Aus einem Film in schwarz-weiß wird nun ein Film mit allen möglichen Farben des Regenbogens. Den bunten Film lässt du nun rückwärts laufen, bis du dich wieder sicher fühlst. Das Zurückspulen des inneren Films sollte möglichst schnell passieren. Anschließend kannst du deine Augen öffnen.

In das Standbild hineinzuspringen und den Film in Farbe immer wieder rückwärts laufen zu lassen, solltest du dreimal wiederholen. Dann kannst du überprüfen, ob die Situation, welche zu Anfang dieser Übung eine phobische Reaktion in dir ausgelöst hat, immer noch in der Lage ist, das zu tun. Wenn ja, solltest du weiter mit dem Format arbeiten. Falls nicht, kannst du gerne einen Test in der Realität durchführen, um zu bestätigen, dass du die verhasste Phobie nun endlich hinter dir gelassen hast.

Dabei lässt sich dieses Format selbstverständlich nutzen, um dich von den verschiedensten Phobien in deinem Leben zu verabschieden. Ob du nun Angst vor Hunden, Menschenmassen oder vor Auftritten vor vielen Leuten hast, spielt keine Rolle. Sofern du lähmende Gefühle der Angst mit einem bestimmten Trigger verbindest, kannst du dieses Format anwenden, um der Angst endlich den Gar auszumachen.

~

5 BONUS

Nichts könnte schöner sein, als wenn dich dieser Ratgeber umgehend auf den Weg zu einem erfolgreicheren, erfüllteren Leben bringt. Denn wenn du genau so lebst, dann bereicherst du damit auch deine Umwelt und dein Umfeld ungemein. Zu diesem Zweck hast du bereits jede Menge Starthilfe in Form von verschiedenen Techniken und Formaten bekommen. Doch das reicht nicht immer aus. Manchmal fühlst du dich vielleicht einfach down und wünscht dir mehr Energie. Oder du musst auf die Schnelle eine gute Entscheidung treffen und hast schlichtweg nicht die Zeit, eines der Formate aus diesem Ratgeber in Ruhe durchzuspielen. Keine Sorge: Auch dafür hat NLP die passenden Tools parat!

5.1 Mehr Energie dank NLP

Du bist müde, schlapp und lustlos? Vielleicht wird dein Körper auch von einer Welle von angsteinflößender Nervosität durchflutet, während dir vorfreudige Aufregung aktuell viel lieber wäre. Zum Glück gibt es einen ganz einfachen Trick, mit dem du deinen inneren Zustand rein durch deine Physiologie verändern kannst. Mit einem inneren Zustand ist nichts anderes gemeint, als wie du dich gerade fühlst. Deine Physiologie spielt auf deine körperlichen Zustände an. Damit ist zum Beispiel deine Haltung gemeint.

Wenn du nun weißt, dass deine Physiologie sich stark auf deinen inneren Zustand auswirkt, kannst du dir dieses Wissen in jeder beliebigen Situation zu Nutze machen. Von deiner Atmung über deine Haltung bis hin zu deiner Blickrichtung, deiner Tonlage und der Lautstärke, mit der du sprichst, gibt es viele Punkte, an denen du selbst kinderleicht auf deine Physiologie Einfluss nehmen kannst. Indem du nun zum Beispiel lächelst, deine Arme in die Luft wirfst und laut jubelst, wird sich dein innerer Zustand sofort verändern.

Bei dieser äußerlichen Physiologie bleibt innerlich kein Platz mehr für schlechte Laune und Abgeschlagenheit. Selbstverständlich kannst du etwas mit dieser Technik experimentieren, indem du dich selbst beobachtest. Am besten überlegst du, wann du dich besonders kraftvoll und energiegeladen fühlst. Indem du diese Physiologie dann in einer Situation, in der du dich meilenweit weg von diesem inneren Zustand befindest, nachahmst, kannst du sofort für die gewünschte innere Stimmung sorgen.

Leichter und schneller könnte sich ein NLP-Tool wirklich kaum anwenden lassen. Immerhin kannst du dich zur Not auch auf der Büro- oder einer öffentlichen Toilette einschließen, um diese Übung in Windeseile geschützt vor den Blicken anderer durchzuführen und dich in Sekundenschnelle wie ein neuer Mensch zu fühlen. Probier's einfach mal aus: Indem du jetzt gleich deine Physiologie veränderst, wirst du hautnah und live erleben, dass es diesen Zusammenhang zwischen deiner Physiologie und deinem inneren Zustand verlässlich gibt!

5.2 Entscheidungen leichter treffen

Wenn du gute Entscheidungen auf die Schnelle treffen möchtest, ist es wichtig, dass du deiner Intuition vertraust. Dabei ist mit deiner Intuition nicht etwa eine göttliche Eingebung gemeint, die du niemandem erklären kannst. Vielmehr kannst du dir deine Intuition wie folgt vorstellen: In jedem Moment treten von außen unzählige Informationen an dich heran. Du siehst und hörst zum Beispiel viel mehr Dinge, als du bewusst wahrnimmst. Nichts desto trotz kommen auch diese Informationen bei dir an, wenngleich nicht bewusst.

Das ist auch gut so. Schließlich würdest du angesichts der riesigen Informationsvielfalt in deiner Umwelt sonst wahrscheinlich restlos überfordert reagieren. Dennoch sind diese vielen nützlichen Informationen nicht verloren. Denn unterbewusst verarbeitest du diese Daten durchaus. In Form deiner Intuition hast du nun Zugriff auf dieses

Wissen. Du triffst eine intuitive Entscheidung beispielsweise, weil es sich für dich einfach richtig anfühlt.

Doch dieses Gefühl entsteht überhaupt nur, weil dein Unterbewusstsein jede Menge Informationen verarbeitet hat und dir mit diesem Gefühl zu verstehen gibt, dass die jeweilige Entscheidung für dich stimmig ist. Das soll nicht heißen, dass du dich nie irren wirst, wenn du auf diese Art und Weise an die Entscheidungsfindung herangehst. Das kann unter anderem daran liegen, dass du deine Intuition nicht frei spielen lässt und deinen Verstand einschaltest. Womöglich erscheint dir deine intuitive Entscheidung wenig sinnvoll, auch wenn sie sich als richtig herausgestellt hätte. Immerhin kennt dein bewusster Verstand nicht alle Fakten.

Vielleicht willst du aber auch so sehr an deine Intuition glauben, dass du ein Bauchgefühl heraufbeschwörst, obwohl deine Intuition zu der jeweiligen Frage bisher stumm geblieben ist. Immerhin wirst du nicht bei allen Entscheidungen, die du fällen musst, eine intuitive Eingebung haben. Das kann zum Beispiel daran liegen, dass die zwei Optionen, zwischen denen du dich entscheiden musst, für dich gleichwertig sind. Wenn es dir also im Grunde genommen egal ist, wie du dich entscheidest, wirst du kein Bauchgefühl haben, welches dich in die eine oder in die andere Richtung lenkt.

Damit du im Ernstfall auf deine Intuition vertrauen kannst, ist es wichtig, diese immer wieder zu trainieren. Denn das stärkt das Vertrauen in deine Intuition und lässt dich leichter Entscheidungen auf dieser Basis treffen. Doch wie genau kannst du deine Intuition trainieren? Ganz einfach: Indem du immer wieder versuchst, Entscheidungen intuitiv zu treffen. Dabei muss es sich nicht gleich um große Entscheidungen handeln, bei denen es quasi um Leben oder Tod geht. Vielmehr kannst du klein anfangen und ganz alltägliche Entscheidungen intuitiv treffen, bevor du dir auch schwierigere Entscheidungen auf Basis deiner Intuition zutraust.

Um dem Training einen gelungenen Rahmen zu geben, empfehle ich dir, dir für die Entscheidung nicht mehr als 30 Sekunden zu nehmen. Würde es länger andauern, wäre es letztlich ja auch keine intuitive Entscheidung mehr. Schließlich würde man dann beginnen mehr nachzudenken, abzuwägen, andere Optionen in Betracht zu ziehen und somit die eigentliche (intuitive) Entscheidung als „doch nicht so gut" anzusehen.

Wichtig ist vor allem, dass du weißt, wie deine Intuition eigentlich funktioniert. Denn das kann von Mensch zu Mensch sehr unterschiedlich sein. Nicht bei allen Menschen drückt sich die Intuition in Form eines Bauchgefühls aus. Vielleicht gehörst du zu den Personen, für die sich Dinge in der Tat richtig anfühlen.

Ebenso besteht jedoch die Möglichkeit, dass sich deine Intuition wie folgt äußern könnte:

- Es sieht richtig aus
- Es klingt überzeugend
- Es ergibt Sinn

Wie du siehst, kann deine Intuition über die verschiedensten Sinneskanäle funktionieren. Wichtig ist vor allem, dass du weißt, welcher Typ du bist. Denn damit etwas überzeugend klingen kann, musst du es womöglich selbst laut aussprechend oder dir von einer anderen Person laut sagen lassen. Damit etwas richtig aussieht, musst du die zu treffende Entscheidung irgendwie zu Papier bringen. Das kannst du zum Beispiel in Form einer Skizze oder durch geschriebene Worte tun.

Um herauszufinden, welcher dieser vier Typen du bist, lohnt es sich, dir immer wieder die Frage zu stellen, warum du Entscheidungen so triffst, wie du sie eben triffst. Du kannst gerne alle der vier Modi mit einer vergangenen Entscheidung durchspielen. Dann wirst du relativ schnell erkennen, wie deine Intuition funktioniert. Sobald du dies weißt, weißt du gleichzeitig auch, wie du im Falle einer schnellen Entscheidung an deine Intuition appellieren kannst, um die gewünschte Antwort zu bekommen.

Es gibt jedoch auch Menschen, die sich schwer damit tun, sich ganz spontan auf ihre Intuition einzulassen. Wenn du zu diesem Personenkreis gehörst, sind Hopfen und Malz für dich längst noch nicht verloren. Denn bei dem sogenannten Münzwurf handelt es sich um ein einfaches NLP-Tool, mit dem du Entscheidungen auf der Stelle ganz spontan treffen kannst. Dieses Format eignet sich dann am besten, wenn es zwei Wahlmöglichkeiten gibt, zwischen denen du auswählen sollst. Die eine Seite der Münze steht nun für die eine und die andere Seite für die andere Wahlmöglichkeit.

Du wirfst einfach die Münze und schaust, auf welcher Seite diese landet. Wahrscheinlich wirst du spontan eine emotionale Reaktion auf das Ergebnis haben. Innerlich wirst du dir vielleicht denken, dass du es wusstest, dass A die bessere Entscheidung ist. Oder du hast die gegenteilige Reaktion und ärgerst dich darüber, dass die Münze auf A gelandet ist. Das zeigt dir, dass du innerlich lieber eine andere Entscheidung, nämlich B, treffen würdest.

Wichtig ist bei dieser Technik vor allem, dass es nur einen Wurf gibt und du genau auf deine spontane Reaktion auf das Ergebnis des Wurfs achtest. Wenn du dich über das Ergebnis freust, ist dies genau die richtige Entscheidung für dich. Wenn du Widerstand in dir verspürst, solltest du dich besser für die andere Option entscheiden. Auch bei dem Münzwurf handelt es sich demnach lediglich um ein Tool, mit dem du Zugang zu deinem intuitiven Wissen erlangen kannst.

6 Abschlussbemerkungen

Wie du siehst, beinhaltet die Lehre des NLPs eine Menge Tools, mit deren Hilfe du deinen Zielen verhältnismäßig leicht deutlich näher kommen kannst. Es gibt leider viel zu viele Menschen, die ihre Ziele nicht erreichen, weil sie sich selbst im Weg stehen. Obwohl diese Menschen durchaus dazu in der Lage wären und die nötigen Grundvoraussetzungen mitbringen, um ihre Ziele zu erreichen, sind es oftmals ein Mangel an Klarheit, Ängste oder ein fehlender Glaube, die sie davon abhalten, sich selbst zu verwirklichen.

Im Vergleich zu den Ressourcen, die in einem Menschen stecken, sind dies geradezu Kleinigkeiten, die sich womöglich dennoch auch auf dein Leben in einem erheblichen Maß auswirken. Dabei zeigt speziell das letzte Format, wie spielerisch du sogar Phobien loslassen kannst. Wenn das so einfach ist, dann kannst du dir sicherlich vorstellen, was du noch alles in deinem Leben erreichen kannst.

Vor allem befähigt dich die Lehre des NLPs, auf deine Ziele mit Freude hinzuarbeiten. Denn dich mit jeder Menge Disziplin zu zwingen, einen bestimmten Erfolg auf Brechen und Biegen herbeizuführen, kann nicht das Ziel sein. Vielmehr geht es darum, dass du Ziele findest, die für dich persönlich auf verschiedenen Eben von großem Wert sind. Das Ziel besteht also immer darin, für mehr positive Fülle in deinem Leben zu sorgen.

Im Idealfall kannst du die in diesem Ratgeber beschriebenen Techniken so einsetzen, dass du dein Ziel mit so viel Freude erreichst, dass dir auch der Weg zum Ziel jede Menge Spaß bereitet. Denn wenn du ausschließlich leiden musst, um erfolgreich zu sein und an deinem Ziel anzukommen, dann ist es das in den Augen der meisten Menschen wohl kaum wert. Du darfst schon jetzt voller Vorfreude gespannt sein, wie sehr die in diesem Ratgeber näher erläuterten Techniken auch dein Leben bereichern werden. Es ist an der Zeit, dein Glück spielerisch selbst in die Hand zu nehmen!

Noch ein kleiner Hinweis an dieser Stelle:

In meinen Ratgebern über die verschiedensten Lebenslagen recherchiere ich ausgiebig und lasse dich an meinen langjährigen Erfahrungen teilhaben, um dir möglichst viele neue Methoden, Gesichtspunkte und Kniffe zu zeigen, mit denen du mindestens deinen Horizont erweitern, in vielen Fällen aber auch ganz konkret als Gewinner aus verschiedenen Situationen hervorgehen kannst. Ich kann nicht dafür garantieren, das jeder dieser Punkte für dich neu ist, ich bin aber überzeugt, dass auch nur ein einziger hilfreicher Tipp, der dein Leben verbessert, es schon wert ist, dieses Buch gelesen zu haben. Selbst, wenn das nicht der Fall ist, dann kennst du sicherlich einen geschätzten

Mitmenschen, dem dieser Ratgeber hilfreich sein kann. Gib ihn daher gerne weiter!

Ich wünsche dir von Herzen eine Fülle an Erfolgen in deinem Leben!

Herzlichst!

Dein Florian Thiem

39761725R00059

Printed in Poland
by Amazon Fulfillment
Poland Sp. z o.o., Wrocław